2018年度宁波市社会科学学术著作出版资助项目

高管团队人力资本、内部控制与投资效率

——基于中国创业板上市公司的实证研究

冷 军 ◎ 著

中国财经出版传媒集团
经济科学出版社
Economic Science Press

图书在版编目（CIP）数据

高管团队人力资本、内部控制与投资效率：基于中国创业板上市公司的实证研究/冷军著 . —北京：经济科学出版社，2019.7
ISBN 978 - 7 - 5218 - 0743 - 1

Ⅰ. ①高… Ⅱ. ①冷… Ⅲ. ①企业领导-影响-上市公司-投资效率-研究-中国 Ⅳ. ①F279.246

中国版本图书馆 CIP 数据核字（2019）第 168612 号

责任编辑：王柳松
责任校对：郑淑艳
责任印制：李　鹏

高管团队人力资本、内部控制与投资效率
——基于中国创业板上市公司的实证研究
冷军　著
经济科学出版社出版、发行　新华书店经销
社址：北京市海淀区阜成路甲 28 号　邮编：100142
总编部电话：010 - 88191217　发行部电话：010 - 88191522
网址：www.esp.com.cn
电子邮件：esp_bj@163.com
天猫网店：经济科学出版社旗舰店
网址：http://jjkxcbs.tmall.com
北京季蜂印刷有限公司印装
710×1000　16 开　12.5 印张　200 000 字
2019 年 7 月第 1 版　2019 年 7 月第 1 次印刷
ISBN 978 - 7 - 5218 - 0743 - 1　定价：49.00 元
（图书出现印装问题，本社负责调换。电话：010 - 88191510）
（版权所有　侵权必究　打击盗版　举报热线：010 - 88191661
QQ：2242791300　营销中心电话：010 - 88191537
电子邮箱：dbts@esp.com.cn）

前言

　　投资决策是现代企业财务决策的重要组成部分。高效率的投资是中小企业在发展壮大过程中，不断增加现金流、持续健康发展的保障，也是扩大企业市场价值的必备条件。中小企业作为国民经济中数量最多且最具活力的因素，在中国的社会经济发展中发挥着非常重要的作用。而作为中小企业优秀代表的创业板上市公司，代表着推动中国经济发展的新兴生力军。创业板上市公司具有比非上市中小企业更优秀的人力资源和更完善的制度，而"人"和"制度"是影响企业投资效率的重要因素。因此，本书从"人"和"制度"两个方面，研究高管团队人力资本和企业内部控制对中国创业板上市公司投资效率的影响，不但具有学术上的理论意义，更具备指导性的实践价值。

　　本书基于人力资本理论、高阶理论、委托代理理论和信息不对称理论，以创业板上市公司为研究对象，主要研究了高管团队人力资本对企业投资效率的影响，企业内部控制对企业投资效率的影响，以及高管团队人力资本与内部控制对企业投资效率的交互影响。本书从高管团队成员的年龄、受教育程度、任职年限和职称四个维度，通过因子分析，提炼出高管团队的人力资本平均值指数、异质性指数和综合指数，分别对应于高管团队人力资本的强度、广度和总体综合情况。采用了深圳迪博公司发布的上市公司内部控制指数，以该指数的大小来衡量企业内部控制的质量。

本书以2010~2015年中国创业板上市公司数据为样本，从"人"和"制度"两方面入手，结合理论分析与实证研究的方法，分析并实证检验企业高管团队人力资本和内部控制质量对企业投资效率的影响。本书基于"提出问题—理论分析—实证分析—结论及政策建议"的研究思路，沿着"人（高管团队人力资本）—行为—经济后果"以及"制度（内部控制）—行为—经济后果"两条主线，运用人力资本理论、高阶理论、委托代理理论和信息不对称理论，分析了非效率投资的影响因素、高管团队人力资本和企业内部控制质量分别对投资效率（用非效率投资指标表示）的治理作用，以及高管团队人力资本和企业内部控制质量共同对投资效率（非效率投资）的影响，从而丰富和发展了人力资本和内部控制的经济后果以及投资效率影响因素的研究。在实证分析中，采用非平衡面板数据，通过分组回归分析等，对研究假设进行了实证检验。实证研究发现，企业高管团队人力资本的平均值指数（强度）、异质性指数（广度）和综合指数均能显著地抑制企业的非效率投资，改善投资效率；企业内部控制质量能显著地抑制企业的非效率投资，提高企业的投资效率；高管团队人力资本和内部控制质量的交互作用，能显著地加强高管团队人力资本或者企业内部控制单独对非效率投资的抑制作用。

全书共分7章，全书结构如下：

第1章，绪论。介绍了本书的选题背景和研究问题、研究意义、内容结构和研究思路、研究方法以及本书的创新之处。

第2章，文献综述。对已有的研究企业人力资本、内部控制质量以及企业投资效率的中外文相关文献进行了系统性的梳理和评述，并在此基础上确定了本书的研究起点。

第3章，中国创业板上市公司投资效率分析。对现状进行理论分析和实证测算。通过实证测算，中国创业板上市公司普遍存在非效率投资现象，投资效率较低。

第4章，高管团队人力资本对投资效率的影响。以人力资本理论和高阶理论为基础，理论分析了高管团队人力资本对企业投资效率的影响机理；以高管团队成员的年龄、受教育程度、任职年限和职称四个维度为基础，通过因子分析，构建了分别反映高管团队人力资本强度、广度和综合性的平均值指数、异质性指数和综合指数。经过实证检验发现，创业板上市公司高管团队的人力资本，无论是强度、广度还是综合性，均与投资过度及投资不足显著负相关，说明高管团队人力资本能对创业板上市公司的非效率投资起到抑制作用，提升企业投资效率。

第5章，内部控制对投资效率的影响。以委托代理理论和信息不对称理论为基础，分析了企业内部控制对投资效率产生影响（抑制企业非效率投资）的作用机理，选取深圳迪博公司发布的上市公司内部控制指数来测度企业内部控制质量，实证检验了创业板上市公司内部控制质量对抑制非效率投资、提升企业投资效率的影响。实证发现，创业板上市公司的内部控制质量越高，企业投资效率越高。

第6章，人力资本、内部控制对投资效率的交互影响。研究了高管团队人力资本和内部控制对企业投资效率共同作用下的交互影响。通过构建高管团队人力资本与内部控制质量的交乘项，实证检验了企业高管团队人力资本和内部控制质量对企业投资效率共同影响的交互作用。实证结果表明，创业板上市公司高管团队人力资本和内部控制能够相互影响，在对投资效率的影响中确实存在交互作用。

第7章，研究结论、政策建议与研究展望。对全书进行了系统性的总结，概括性地阐述了本书的主要研究结论，提出了相关政策建议，指出了研究不足之处以及进一步研究的展望。

本书的创新在于：（1）以往对企业投资效率影响因素的研究，大多考虑的是公司治理或者内部控制等制度因素，涉及人的基本上是管理者的心理、情绪等因素。本书将经济学中的人力资本理论引入企业投资效率的研究中，从"人"和"制度"两方面，研究高管团队人力资本与企业内部控制对投资效率的影响，扩展了企业投资行为和投资效率的研究视角，丰富和发展了投资理论。同时，也丰富了人力资本因素导致的经济后果以及投资效率影响因素的研究。（2）本书构建了高管团队人力资本指数。已有关于人力资本的研究文献，几乎都是基于人力资本的特征，从年龄、受教育程度等不同维度的平均值和异质性两方面分别研究其经济后果。由于人力资本不同维度的变量具有不同的量纲，严重影响研究结果的正确性，本书在已有文献的基础上，基于高管团队成员的年龄、受教育程度、任职年限和职称四个维度的人力资本特征，通过因子分析，从强度、广度和综合性三方面分别构建了人力资本的平均值指数、异质性指数和综合指数，消除了变量量纲对结果的影响，丰富了人力资本的测度方法。（3）本书基于"影响因素—行为—经济后果"的研究范式，从人（高管团队人力资本）和制度（内部控制）两个方面，讨论了企业投资效率（非效率投资）的影响因素。并在此基础上，借鉴社会学、管理学等学科关于交互效应的研究方法，分析了高管团队人力资本对内部控制质量的影响机理以及内部控制对高管团队的约束机制。并将人力资本指数和内部控制质量的交互项纳入回归模型，分析并实证检验"人"和"制度"这两个重要因素对企业投资效率的交互影响，从而区别于以往绕过本质直接讨论人力资本或内部控制的经济后果的研究。

冷军
2019 年 1 月

目录

第1章 绪论 ··· 1
  1.1 选题背景与问题提出 ··· 1
  1.2 研究意义 ·· 4
  1.3 研究思路和基本内容 ··· 5
  1.4 研究方法 ·· 7
  1.5 本书拟创新之处 ··· 8

第2章 文献综述 ·· 10
  2.1 人力资本相关研究 ·· 10
  2.2 内部控制质量的相关研究 ·· 16
  2.3 投资效率相关研究 ·· 21
  2.4 高管团队与投资效率的相关研究 ·· 29
  2.5 内部控制与投资效率的相关研究 ·· 33
  2.6 中外文文献评述 ··· 34

第3章 中国创业板上市公司投资效率分析 ································ 37
  3.1 中国创业板市场发展历程及现状 ·· 37
  3.2 中国创业板市场投资效率的问题及成因分析 ······················· 44
  3.3 中国创业板市场投资效率实证分析 ····································· 51
  3.4 本章小节 ·· 63

第 4 章　高管团队人力资本对投资效率的影响 …………… 64
　4.1　高管团队人力资本的界定及测度方法 ……………… 64
　4.2　高管团队人力资本对投资效率影响的机理分析 …… 68
　4.3　高管团队人力资本对投资效率影响的实证检验 …… 77
　4.4　本章小节 ……………………………………………… 95

第 5 章　内部控制对投资效率的影响 ……………………… 96
　5.1　内部控制及其评价 …………………………………… 96
　5.2　理论分析及研究假设 ………………………………… 102
　5.3　内部控制对投资效率影响的实证检验 ……………… 117
　5.4　本章小节 ……………………………………………… 123

第 6 章　人力资本、内部控制对投资效率的交互影响 …… 125
　6.1　高管团队人力资本与内部控制的相互作用机理 …… 125
　6.2　高管团队人力资本、内部控制对投资效率的交互
　　　　影响 …………………………………………………… 129
　6.3　实证研究设计 ………………………………………… 132
　6.4　实证分析与结果 ……………………………………… 135
　6.5　本章小节 ……………………………………………… 143

第 7 章　研究结论、政策建议与研究展望 ………………… 145
　7.1　研究结论 ……………………………………………… 145
　7.2　政策建议 ……………………………………………… 148
　7.3　研究局限及展望 ……………………………………… 154

附录 ………………………………………………………… 158
参考文献 …………………………………………………… 170
后记 ………………………………………………………… 193

第1章 绪 论

1.1 选题背景与问题提出

1.1.1 选题背景

中小企业数量众多,是中国国民经济的生力军,在中国社会经济发展过程中发挥了非常重要的作用,不仅是国民经济的重要组成部分,更是科技创新的中坚力量。由于中小企业处于成长期,规模小、偿债能力和抗风险能力相对较弱,所以,在发展过程中容易遭遇债务融资困境;另外,中小企业的权益资金提供者,尤其是风险投资基金,需要退出机制和退出平台。因此,为了给中小企业提供更好的融资和股权交易平台,在酝酿了多年之后,中国创业板市场于2009年10月30日正式开市。很多高成长性但同时伴随高风险性的中小企业视创业板上市为其解决融资难题的手段之一。于是,中国创业板在公司数量、市值规模、交易量等方面,都呈现快速发展的态势。创业板上市公司从2009年首批仅有28家公司挂牌上市,到2010年底时突破150家,2012年底达到281家,2013年停止新股发行1年,2014年又开始迅速增长,截至2016年9月30日临近创业板市场创立七周年时,上市公司数量扩充至498家,7年间增长了18倍,累计IPO融资额为6 191亿元,总市值为

5.2万亿元。① 2014年1月，在中国证监会紧急发布《关于加强新股发行监管的措施》之前，2009年10月~2012年末上市的创业板公司，平均IPO市盈率高达60.69倍，有24家公司的IPO市盈率在90倍以上，其中，新研股份市盈率达到150倍。② 但是，始于2015年春夏的中国股市动荡起伏，③ 创业板上市公司被推到了风口浪尖，所融资金瞬间蒸发，中国的大多数创业板企业经历着前所未有的考验。这更像是一个导火索，引发了投资者、经济学家担心已久的问题：这些超高市盈率募集到的高额资金投向了何处？是否与公司发展战略相一致？是否促进了公司健康发展？投资效率如何？

通过投资活动合理利用资金是企业获取经济利益以及可持续发展能力的根本，企业不能仅重视资金的筹集，更应该重视资金的合理安排和运用。已有文献显示，近年来上市公司普遍投资效率低下、非效率投资现象屡有发生（姜付秀等，2009；张纯，吕伟，2009；陈运森，谢德仁，2011；白俊，连立帅，2014）。投资过度造成资金浪费，投资不足造成投资机会浪费，均会降低企业的投资效率和效益，还可能影响现金流，从而患上融资依赖症。一旦遇到外部经济形势不景气或者企业内部经营问题而面临融资约束难题，企业就有可能因为资金链断裂而破产。

企业是构成国民经济最基本的经济单位，企业的生产经营活动决定着国民经济的发展和活力。因此，如果企业投资效率不高，无论是投资过度还是投资不足，不仅直接影响企业自身的绩效以及可持续发展，还会影响全社会资源的合理配置，阻碍国民经济的健康持续发展。尤其是以创业板上市公司为代表的、数量庞大并且对国民经济贡献巨大的中小企业，更是国民经济的细胞，其健康稳定的发展关系着经济发展及社会稳定。本书正是基于目前的现实大背景，对创业板上市公司的投资效率

---

① 上述数据根据深圳证券交易所网站，http://www.szse.cn/main/marketdata/zttj_front/，历年的市场概况统计信息整理获取。
② 数据根据同花顺IPO数据库统计整理而得。
③ 创业板指数从2014年11月的1500点左右，一路上涨，到2015年6月上升到4000点，上涨幅度超过160%；然后急剧下跌，1个月时间下跌到2300点，跌幅达到43%，根据同花顺创业板股指数据整理。

问题做深入研究和探讨。

1.1.2　问题的提出

构成公司财务决策最重要的三部分，分别是投资决策、融资决策和股利决策。在中国经济近30年的高速发展过程中，融资难是长期困扰中小企业的问题，因此，中国大部分急于发展的中小企业最重视的是融资决策，认为只要资金问题能解决，就能抓住发展壮大的机会。企业财务管理的本质，是将已有资本或者通过筹融资活动积聚到的资金进行科学、理性的投资配置，让企业现金流"动"起来，提高企业经营绩效，保证企业最终盈利才是根本目的，而不是花费时间、精力思考怎样将税后利润在留存和分派之间进行分摊。当然，古语说"巧妇难为无米之炊"，目前也有诸多企业因为资金配置不当或者受融资约束，即便有好的投资项目也只能有心无力，产生投资不足的非效率投资，同样降低了企业投资效率，最终影响企业的获利能力以及持续发展能力。

因此，如何保证企业的投资效率，是这些处于发展成长期的中小企业亟须解决的关键问题，尤其是中小企业中通过IPO获得大量超募资金的创业板上市公司，更需要重视资金的投资效率。中外文文献分别基于信息不对称理论和代理理论，从人的心理和情绪、决策者社会背景信息、内部控制建设、政府管理部门监控等角度研究了影响企业的投资规模和投资效率的因素。总体来说，中外文文献主要是围绕着治理、监督等制度因素和人的心理及社会背景因素等，对企业的投资行为以及投资效率进行研究。

企业投资效率是投资行为的结果，而投资行为主要受决策者——企业高管团队的影响。高管团队成员的认知水平和价值观念、职业领域内的知识和能力的储备、对企业的理解程度和管理经验等，是影响其决策的关键因素。根据人力资本理论和高阶理论，这些影响因素被认为是高管团队人力资本的特征，一般通过年龄、受教育程度[①]、任职年限和职

---

① 受教育程度用学历表示。

称来衡量。内部控制是公司治理中的重要机制之一，健全并得到有效执行的内部控制制度是企业运行以及实现公司发展战略的有力保障。高质量的内部控制能够对高管团队的行为产生监督和约束，从而减少代理问题，进而提高投资效率。

在内部控制中，高管团队的经营理念、风险意识、能力和价值观等因素是内部控制环境的重要组成部分，而内部控制环境是内部控制的重要基石，决定了内部控制的结构和控制基调，影响着内部控制其他四个要素作用的发挥。经营理念、风险意识和能力等又是由高管团队的人力资本特征决定的，因此，高管团队人力资本是影响企业内部控制制度执行效率的关键，对于内部控制的有效发挥至关重要。另外，高管团队作为内部控制体系的建设主体和实施主体，要保证内部控制体系良好运转、有效发挥作用，依赖于高管团队建立健全内部控制制度并严格执行内部控制制度。本质上，内部控制中的实施主体对企业投入人力资本要素，并以其投入要素对企业的内部控制产生影响。对于成长中的中小企业而言，合规有效的内部控制离不开良好健康的人力资本体系。费茨罗和穆勒（Fitzroy and Mueller，1984）强调了人力资本对于企业发展的重要性。

由此可见，"人"和"制度"是企业发展中的两个关键因素。创业板上市公司由于规模小且处于成长期，相较于以主板上市公司为代表的大企业，其成长和发展对高管团队和内部控制的依赖性更高。因此，本书拟将"人"（高管团队人力资本）和"制度"（内部控制）这两个因素纳入同一个研究框架，讨论创业板上市公司的投资效率问题。

1.2 研究意义

1.2.1 理论意义

首先，开拓了企业投资效率研究的新视角。本书基于系统性视角，将"人"和"制度"纳入同一研究框架，从"人"（高管团队人力资本）及"制度"（内部控制）两个角度研究对投资效率的影响，搭建了企业投资效率的综合治理理论框架，将为企业高管人力资本和内部控制治理企业非效率投资、提升投资效率提供新的经验证据。同时，也将为促进内部控制制度的制定的协调性和制度实施的系统性提供启示。

其次，丰富了人力资本的评价方法。本书基于人力资本理论和高阶理论，通过研究高管团队的人口特征，从年龄、受教育程度、任职年限和职称四个维度表征人力资本的认知能力、职业能力等特征。构建了反映高管团队人力资本强度的平均值指数、反映高管团队人力资本广度的异质性指数，以及综合反映高管团队人力资本信息的综合指数，探讨高管团队人力资本对企业投资效率的影响，使研究结论更具说服力，并丰富了高管团队人力资本的评价方法。

1.2.2 现实意义

本书的研究对理解中国创业板上市企业的投资效率提供了新的经验证据；在实践上可以回答以创业板上市公司为代表的中小企业加强内部控制建设的必要性、提高高管团队人力资本的重要性，以及投资效率的影响因素。有助于广大中小企业重视人才队伍建设、建立健全内部控制并保证其有效实施。对于中小企业尤其是创业板上市公司更科学地进行投资决策、提高投资效率、促进其持续健康发展等方面具有指导意义。同时，为政府主管部门制定人才政策或政府监管部门推进企业内部控制建设等方面提供了决策参考。此外，本书的研究还可能有助于从微观层面防止中国经济投资过热或过冷，促进中国经济平稳、协调发展。

1.3 研究思路和基本内容

本书的总体思路是：基于"提出问题—理论分析—实证分析—结论及政策建议"的研究思路，将"人"和"制度"纳入同一个研究框架，沿着"人（高管团队人力资本）—行为（投资行为）—经济后果（投资效率）"以及"制度（内部控制）—行为（投资行为）—经济后果（投资效率）"两条主线，运用人力资本理论、高阶理论、委托代理理论和信息不对称理论，分析投资效率（非效率投资）的影响动因，探究高管团队人力资本和企业内部控制质量分别对投资效率（用非效率投资指标表示）的影响机理。进一步分析人（高管团队人力资本）和制度（企业内部控制）之间的相互关系，以及对企业投资效率的交互影响作用。因此，本书基于"影响因素—行为—经济后果"的研究思路，逐层深入、由因及果。

遵循上述研究思路，本书的结构及内容安排如下。

本书研究框架，如图1.1所示。

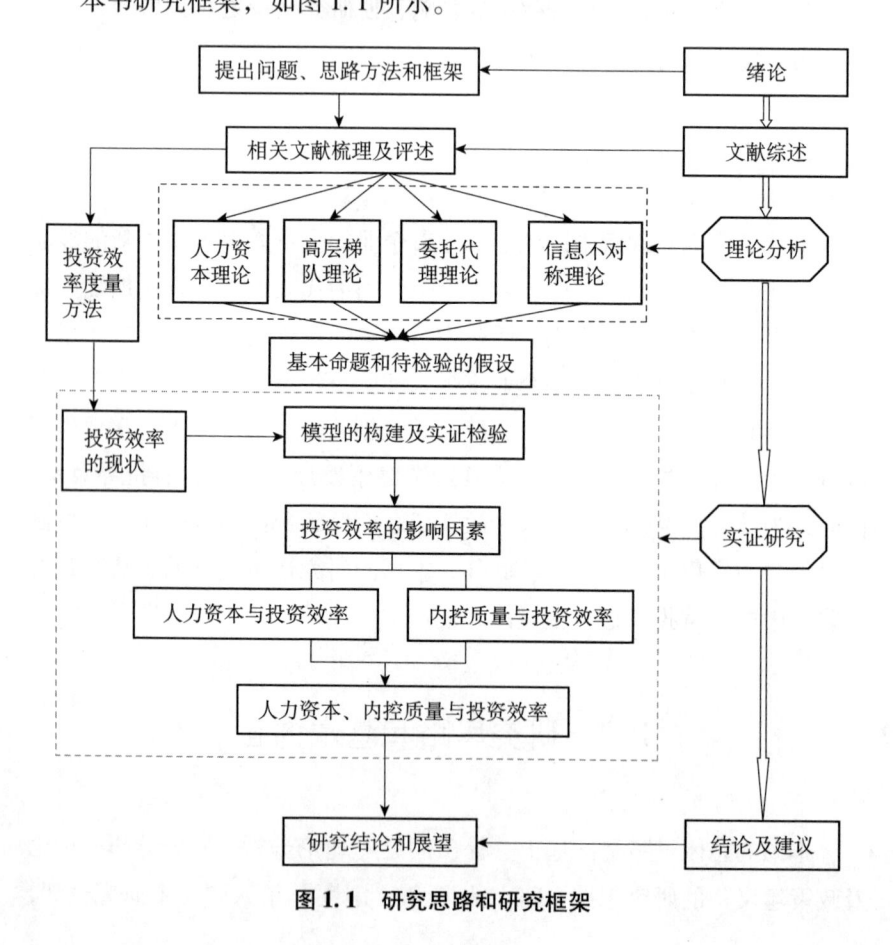

图1.1 研究思路和研究框架

1.4 研究方法

1.4.1 文献研究法

在文献综述部分，通过收集相关研究领域具有代表性的中外文文献，采用文献研究的方法，对涉及人力资本及其经济后果、内部控制及其经济后果以及企业投资效率的测量及影响动因的文献进行梳理，并围绕研究主题展开分析和评述。在此基础上，确定本书研究的切入点。

1.4.2 演绎推理法

在理论分析部分，采用归纳和演绎的方法，运用人力资本理论、高阶理论、信息不对称理论和委托代理理论等经济学和管理学的理论对本书研究的相关问题进行分析阐述。分析高管团队人力资本和企业内部控制质量对投资效率影响的作用机理，并分析二者对投资效率的交互作用。在此基础上，提出本书的基本命题和待验证的假设。

1.4.3 实证研究法

在实证检验部分，采用描述性统计、相关分析、因子分析、非平衡面板回归模型等实证研究方法，围绕本书的基本命题和待验证的假设，确定研究样本并利用数据库和手工补充整理收集相关数据、选择及定义变量、设计实证研究模型、描述性统计和回归分析。针对研究结论，提出相关政策建议。

1.5 本书拟创新之处

本书拟在以下几个方面有所创新。

1.5.1 本书从"人"和"制度"的视角，将经济学中的人力资本理论引入企业投资效率的研究中

扩展企业投资行为和投资效率的研究视角，丰富和发展关于高管团队人力资本和企业内部控制的经济后果，以及投资效率的影响因素研究。本书力图将高管团队人力资本、内部控制及企业投资效率三个变量置于一个研究框架内，以期探讨人（高管团队人力资本）、制度（内部控制）和经济后果（投资效率）三者之间的相互影响，并验证人（高管团队）和制度（内部控制）对投资效率的交互效应。

人力资本研究是近几十年来经济学中重要的理论发展之一，会计学科中以往对人力资本的研究主要集中于人力资本的会计确认和计量等方面。近年来，越来越多的学者将人力资本引入公司治理的研究中，研究不同身份（比如，高管团队、董事会、企业家、董事长、独立董事等）的人力资本的经济后果，比如，对企业绩效、盈余管理和成长性等的影响。但是，关于高管团队人力资本对企业投资效率的影响，以及高管团队与内部控制同时对投资效率的交互影响的研究，目前还比较少且不够深入。中外文文献关于内部控制经济后果的研究虽然成果丰硕，但主要从内部控制质量对公司绩效、盈余质量、会计稳健性、债务融资约束、资本成本以及市场反应的影响等角度展开，从高管团队人力资本的角度深入探讨内部控制对投资效率产生影响的内在原因的文献比较有限。因此，本书将丰富人力资本和内部控制的经济后果研究。

关于投资效率（非效率投资）动因的相关研究，中外文文献基于信息不对称理论和委托代理理论探讨了自由现金流、所有权性质、成长

机会、融资约束、公司治理、信息披露等产生非效率投资的主要因素；而本书试图从解决信息不对称和代理问题的两个关键因素——人和制度的角度，探讨高管团队人力资本和内部控制质量对投资效率的影响，并进一步研究人力资本和内部控制对投资效率的交互影响。因此，本书的研究将同样丰富和发展非效率投资的影响因素研究。

1.5.2 本书将构建人力资本指数来测度高管团队人力资本

已有关于人力资本的研究文献，对于人力资本的测度，几乎都是基于人力资本的特征，从年龄、受教育程度等不同维度的平均值和异质性两方面分别研究其经济后果。由于人力资本不同维度的变量具有不同的量纲，严重影响研究结果的正确性，本书将在已有文献的基础上，基于高管团队成员的年龄、受教育程度、任职年限和职称四个维度的人力资本特征，通过因子分析，从强度、广度和综合性三方面分别构建高管团队人力资本平均值指数、异质性指数和综合指数，消除了变量量纲对结果的影响，丰富了人力资本的测度方法。

1.5.3 本书将基于"影响因素—行为—经济后果"的研究范式，从人（高管团队人力资本）和制度（内部控制）两个方面，讨论企业投资效率（非效率投资）的影响因素

在此基础上，借鉴社会学、管理学等学科关于交互效应的研究方法，分析人力资本对内部控制质量的影响以及内部控制对人力资本的治理作用，并将人力资本指数和内部控制质量的交互项纳入回归模型，分析并实证检验人与制度对企业投资效率的交互影响，从而区别于以往抛开过程变量或调节变量直接讨论人力资本或内部控制的经济后果的研究。

第 2 章 文献综述

2.1 人力资本相关研究

英国古典政治经济学的奠基者——亚当·斯密（Adam Smith），在 1776 年的著作《国富论》（*The Wealth of Nations*）中首次提出人力资本的观点，认为人的才能与其他任何种类的资本同等重要。亚当·斯密肯定了劳动价值，以及在各种资源基础上劳动创造的价值，包括对劳动技巧的熟练程度和应变能力，对劳动技巧和技术知识的教育和培训，这些其实都可以被认为涵盖在人力资本概念之中。欧文·费雪（Irving Fisher）1906 年在著作《资本的性质和收入》中，将资本定义为"一切可以带来收入的物品和活动"，而这些物品和活动的主要执行者或是载体——人所体现出的价值，即人力资本。1961 年，美国经济学家西奥多·W. 舒尔茨（Theodore W. Schultz）在其名为《人力资本投资》（*Investment in Human Capital*）的著作中，对人力资本理论进行了系统阐述，认为促进国民经济增长的最主要因素就是人力资本，并且预测人类的未来发展依赖于人类对知识的投资以及人口的质量。加里·S. 贝克尔（Gary S. Becker）在其 1964 年的著作《人力资本》（*Human Capital*）中，进一步地对人力资本的形成及其产生的收益作了系统阐述。舒尔茨（Schultz, 1961）和贝克尔（Becker, 1964）共同奠定了人力资本理论的发展基础。

2.1.1 企业人力资本的相关研究

早期学者主要是从宏观经济方面关注人力资本理论的研究，聚焦人力资本的积累对经济增长的贡献。近年来，更多的学者着力于微观方面的研究。

2.1.1.1 关于教育与企业人力资本

英国国家经济与社会研究所进行的一系列研究（Richard，1999），运用了英国和欧洲大陆国家的制造型企业数据，考察了企业员工的技能与创新水平对企业生产效率的影响。其研究表明，欧洲大陆企业员工的技术水平和创新能力越高，企业生产率与利润增长就越高，英国则相反（这可能和研究关注了更多的基层工人有关）。企业员工通过企业培训获得技术水平和文化程度的提高，能促进企业提高生产率，但显著程度因地区不同而存在差异。此后，又有大量文献投入企业培训与企业生产率关系的相关研究，大部分文献的研究结果都肯定了积极作用的存在。

巴罗和李（Barro and Lee，1993）通过研究认为，企业员工的受教育程度可以反映和评价企业人力资本。随着研究的日趋成熟，大多数学者已经将教育水平视为衡量人力资本的重要因素之一，但如果从教育水平上量化分析企业人力资本，企业员工的学历应在大学学历以上，才能纳入统计范围之内，企业雇员低于大学学历对人力资本存量不存在显著影响。约万诺维奇和尼亚科（Jovanovic and Nyarko，1995）研究了应用于不同学习实验和经验的贝叶斯学习模型（Bayesian learning model）。研究发现在该模式下，企业员工的培训对人力资本投资有溢出效应，但按照累积生产增长衡量，可能会在企业员工中引起更多的不均衡。从而对于企业绩效产生波动式或不稳定的影响。周其仁（1996）在研究科斯关于市场企业合约理论时，从全新视角，将企业视为"签订人力资本和非人力资本的市场合约的主体"。人力资本影响企业的生产率和经营业务收入，企业员工的受教育水平和参加培训与企业员工工作属性影响企业人力资本的质量。

2.1.1.2 关于人才流动与企业人力资本

刘军和周邵伟（2004）认为，人才流动是人力资本市场配置的一种有效方式，可以提高人力资本的社会配置效率或市场配置效率，但是人才流动并非总是推动有效配置。例如，信息不对称，对成本、收益判断缺乏合理性，都会使得配置效率降低。姚先国等（2005）认为，企业为雇员提供的培训会显著降低员工的流动性，提高其忠诚度。王恬（2008）研究人力资本流动对企业生产效率的影响时，发现高技术人力资本的流动对流入企业的边际生产率的影响显著，对流出企业的边际生产率的影响不显著。这表明，人力资本流动是技术溢出效应的重要渠道。邓学芬和黄功勋等（2012）发现，人力资本的流动性与人力资本存量对企业经营的影响，会随着企业发展成熟及规模扩大而发生变化，人力资本存量的影响会逐渐减弱，同时，人力资本流动的正效应会逐渐增强。

2.1.1.3 企业人力资本与企业绩效

陈浩（2007）在研究人力资本作用时，引入结构因素，他根据不同的人力资本投资层次，提出了四种人力资本结构类型，通过实证研究发现，人力资本存量不足和结构层次不完善都会对企业绩效产生副作用。曹学和翟运开（2008）利用48家在创业板上市的高新技术企业为样本，发现这些企业的人力资本对企业绩效呈现显著的正相关。任宇（2012）利用投入的培训费用代表人力资本投资，发现人力资本投资对企业绩效产生正影响，但对不同省区市的分析结果仍存在较大差异。相对于西部地区，中国中、东部地区人力资本投资产生的效用更大，作用更明显。王红和梁序娟（2013）选取上海证券交易所和深圳证券交易所的所有农业上市公司2009~2011年的相关数据，实证结果表明，技术人员比例与企业绩效正相关，企业员工学历水平与企业绩效呈现较低正相关性，影响程度较低。高管平均年龄对企业绩效呈现显著的负相关关系。

2.1.1.4　从人力资源管理的角度对人力资本的研究

劳尔森和弗斯（Laursen and Foss，2000）利用经济合作与发展组织（OECD）的丹麦创新体系项目（DISKO）的900家企业的数据，分析发现当一个企业在人力资源管理上偏好创新，抑或给予基层员工越多的决策权，会越有利于企业的创新。克隆奎斯特等（Cronqvist et al.，2009）认为，包括员工招聘、团队管理、技能与教育培训、职业安全感、薪酬政策等在内的大部分人力资源管理活动，都会对企业的重要绩效指标产生影响。中文文献主要在政策或定性分析上研究了人力资源管理。张森林（2009）认为，重视物质资本投资作用的理念还普遍存在于国内企业，中国当前的企业人力资源管理水平还处在比较初级的阶段，更多的时候没有做到和企业战略的有效结合，员工培训与企业高学历人才的引进并没有发挥充分作用，人力资源管理尚未形成成熟的规章、模式、评价体系等。

2.1.2　基于企业高管团队的人力资本研究

中外文文献大多数在罕布瑞克和梅森（Hambrick and Mason，1984）提出的高阶理论框架中，进行高管团队人力资本的研究，分析考察了组织中高层管理人员对组织结果的影响，特别是战略选择和绩效水平。

2.1.2.1　外文文献关于高管人力资本的研究

外文文献认为，企业管理层构成人员的年龄、受教育程度、任职年限和职称的平均值，都是对企业经济效益和企业发展战略的选择产生重要影响的可辨识人力资本传记性变量，而管理层构成人员的年龄异质性、任期异质性、教育背景异质性、职称异质性是对企业运行效率及经济产出产生重要影响的可辨识人力资本非传记性变量。

1. 关于高管人员人力资本的传记性

泰勒（Taylor，1975）发现，管理层人员的工作经验和社会阅历会随着年龄的增长而不断丰富，从而使得公司管理层整合信息、资源的能力越来越强，最终提高企业经营绩效。弗纳德等（Flood et al., 1997）研究发现，随着高层管理者年龄的增大，在分析企业自身的结构问题及所面临的潜在风险时，能够更加全面、谨慎地看待问题，从而在制定企业的发展战略时也表现得更成熟。芬克斯坦（Finkelstein, 1992）对100家公司进行调查发现，企业高管团队的任职时长对企业经营效益有显著影响。但是，格林（Grimm, 1991）的研究表明，随着管理者任职时长的增加，管理者对股东满意的经营战略产生心理依赖，从而导致管理者对公司发展战略、方向进行改革的积极性下降。奥登等（Auden et al., 2006）从团队社会资本角度研究发现，公司管理层受教育水平越高，高管团队拥有的社会资本和能够触及的信息就越多，从而有利于增强企业实力，提高企业的经济效益。罗斯（Ross, 1973）通过研究认为，企业管理层成员中如果具有丰富的金融从业经验和风险管理经验，则他们能够相对更准确地分析、发现企业运转过程中遇到的财务风险问题，及时采取措施规避金融风险。高芬达拿捷（Govindarajan, 1989）研究认为，企业管理者的职业履历与企业发展战略实施成功的概率有着不可忽视的关系，具有高级职称的企业管理者通常更有可能通过制定创新性的企业发展战略提高企业的经营绩效，增强企业实力。

2. 关于高管团队的异质性

罕布瑞克和梅森（Hambrick and Mason, 1984）认为，如果企业管理者拥有的职称差异越大，说明管理者在某一行业、专业领域的知识储备和工作经验差异越明显，而这类差异的存在直接导致企业研发战略的选择难以达成一致意见，从而不利于企业增加研发投入。奈特等（Knight et al., 1999）从企业管理层成员受教育背景的结构差异出发，认为当管理层成员受教育层次差距过大，会导致管理层成员彼此间沟通困难，造成团队成员在企业研发（R&D）投入问题上产生分歧，会对增加企业研发投入产生不利影响。理查德和夏洛（Richard and Shelor, 2002）在研究中发现，企业高管团队中包含的高管成员在年龄构成方面的差异与企业销售收入的增长具有很强的相关性。具体来说，当团队成员间的年龄差距处于中等水平或中等偏上水平时，年龄差异与销售收入增长呈明显的负相关关系。卡彭特（Carpenter，2002）经过研究发现，企业管理层成员就职时长的异质性与企业经济绩效显著负相关。斯里瓦斯塔瓦和李（Srivastava and Lee，2005）实证研究发现，企业管理层成员在企业任职时间差距越大，公司在竞争对手之前推出新产品的可能性越高，越有可能成为行业的"领头羊"，他们同时发现，管理层任职时间的差异在不同行业中对企业经营绩效的影响存在差别。艾默生和史雷德（Amason and Shrader，2006）研究证明，当企业面临较高的潜在风险时，企业管理层成员的受教育程度及专业的差异与企业经营绩效及企业发展能力呈负相关关系。

2.1.2.2 中文文献关于高管的研究

中文文献认为，企业高管团队人力资本是企业拥有的一种重要战略资源，是形成并保持企业核心竞争力的基础（卢馨，2013；鲁虹等，2014）。对于高管团队人力资本的评价，有的文献通过事件分析法以机会成本作为高管人力资本的价值（罗进辉等，2016）。有的文献通过对高管团队从团体与个人两个层面进行分析，设计高管团队人力资本指数（鲁虹等，2009）。还有文献分别从传记性特征和非传记性特征两方面设计高管的人力资本指数（朱焱等，2013）。更多的文献直接利用高管团队的人口统计特征来测度人力资本。

在获取高管团队人力资本量化数据后，中文文献对高管团队人力资本在企业绩效、成长能力、风险投资策略等方面的经济后果，做了多方面的实证研究。任颋和王峥（2010）研究了高管团队中女性的作用，发现女性高管人力资本的提供，将显著提升企业的绩效。苏方国（2011）发现，在个体层面上，高管人力资本的提高，能显著提升其薪酬。这与郭弘卿等（2011）根据会计师事务所人力资本和薪酬的研究结果一致。吴斌等（2011）对影响风险投资企业成长能力的因素进行了研究，发现相比于政府背景，高管的人力资本具有更显著的影响作用。

从人力资本传记性和异质性的角度,陈忠卫和常极(2009)认为,职称能在一定程度上反映管理人员的能力,但是,当团队中成员间职称水平差异过大时,反而会造成彼此间的不信任,降低团队工作效率。徐经长等(2010)研究发现,企业高管团队的年龄差距与企业采取积极发展战略的概率显著负相关。朱焱等(2013)研究发现,传记性人力资本和非传记性人力资本对企业绩效以及研发投入,均存在显著但性质不同的影响。

中文文献还通过实证发现,高管的人力资本特征,如受教育程度、技术背景、工作经验和年龄等能显著提高企业的创新能力(卢馨,2013),并且影响企业对风险投资的引进(董静等,2016)。对于如何充分发挥高管人力资本的积极作用,朱焱等(2014)认为,应该建立合理的高管人力资本激励机制。

2.2 内部控制质量的相关研究

对企业内部控制质量的研究,大致可分为如下两个方向:一是企业内部控制质量的量化计算;二是企业进行内部控制的经济后果。

2.2.1 内部控制质量评价方法的研究

在外文文献关于内部控制质量评价方法的研究分析中,大多数都是以美国的全国虚假财务报告委员会下属的发起人委员会(the Committee of Sponsoring Organizations of the National Commission of Fraudulent Financial Reporting)发布的COSO报告中提出的内部控制三个目标、五个要素为标准进行研究。埃帕索(EI Paso,2002)根据COSO报告的内部控制三个目标、五个要素为标准的基础上,构建了共计93个指标的内部控制指标评价体系。黄·S. M. 等(Huang S. M. et al.,2008)依据COSO报告分解出56个指标作为特征体系,构建了一个评价和测度内部控制风险的指标体系。黄·S. S. 等（2004）基于美国的 COSO 报告，在企业资源计划 ERP 环境下由五个维度、28 个评价指标构建了内部控制评价体系。戈登、勒布和邓（Gordon，Leob and Tseng，2009）根据四大目标（战略目标、经营目标、报告目标、合规目标）实现与否，建立了风险管理指数。摩尔兰（Moerland，2007）为保证企业内部控制目标的实现，创设了企业内部控制质量指数披露系统，并根据该指数系统对包括芬兰、英国、瑞典、挪威等在内的多个西欧发达国家上市公司对 2002~2005 年的内部报告进行了深入研究。

在中文文献对于内部控制质量评价方法的研究中，主要是两种研究思路，第一种是借鉴外文文献，从内部控制综合评价体系测度内部控制质量。王立勇等（2005）运用数理统计方法，基于可靠性理论，设计了一个数学模型来评价企业的内部控制，应用该模型可以计算出程序和系统的可靠性，从而判断内部控制的有效性。王煜宇和温涛（2005）的研究起步于企业内部控制评价的基础程序，提出控制环境、风险评价、会计控制、管理控制、监督控制五个方面，创建了 35 个具体企业内部控制指标的评价指标系统，运用了层次分析法和数学建模模糊分析方法构建内部控制模糊综合评价指标的数学模型。骆良彬和王河流（2008）分析上市公司内部控制质量，根据内部控制的五要素构建了 42 个具体的内部控制质量评价体系，应用了层次分析法计算各指标的权重，将内部控制整体框架分为三级指标体系，运用专家打分制度确定了各指标的隶属度，构建了模糊综合评价模型。陈汉文（2010）以信息与沟通、控制活动、内部监督风险评估、内部环境作为评价对象，根据信息生产、信息鉴证、信息接收等完整信息构建的框架，基于综合指标体系的完善程度组建了四级评价指标体系，运用综合评价指数对中国上市公司内部控制评价体系构建进行了综合评价。

中国内部控制指数研究课题组（2011）基于内部控制目标的实现程度，设计了由五大目标指数形成的内部控制基本指数和内部控制修正指数构成的内部控制指数，并从 2011 年开始由深圳迪博公司逐年发布。林钟高等（2011）通过由内部控制治理环境、治理结构和治理机制共同构成的有效性框架，构建了根据 COSO 五大要素的中国上市公司内部控制质量综合评价系统，对企业内部控制质量评价提出新论点。张先治和戴文涛（2011）以企业内部控制的企业测量、财务报告的可靠性、经营效率和法律法规作为评价研究对象，构建企业内部控制综合评价指标体系，运用层次分析法（AHP 方法）建立了企业内部控制指数模糊综合评价模型。张旺锋等（2011）以企业内部控制目标的实现程度作为评价对象，以层次分析法和功效系数法，建立了由销售额、销售增长率等 25 个评测指标组成的企业内部控制质量评价系统。王宏等（2011）基于内部控制目标研究构建了内部控制指数，从量化角度反映中国上市公司内部控制水平，建立市场占有率变量、净利润变量、审计意见变量等五个目标指数建成的内部控制基本指数体系。林斌等（2014）构建了以目标为导向的企业内部控制指数，其指标体系包括三个层级的基本指标以及修正指标。基本指标分别是内部控制的基础目标对应的指标、经营目标对应的指标以及经营战略对应的指标，修正指标包括内部控制的重要缺陷和重大缺陷两个方面。

很多中外文文献对上市公司内部控制质量的评价方法投入了大量研究，但这些研究基本上是以内部控制要素和内部控制信息披露作为评价对象，评价结果主要反映企业的内部控制体系建设和信息披露情况，并不能完全代表企业的内部控制水平或风险控制能力。

2.2.2　内部控制质量经济后果的研究

最近几年，很多文献研究了企业内部控制的经济后果，主要涉及范围包括，企业内部控制对管理层做出决策的影响程度和企业内部控制与投入资本成本之间的联系、企业内部控制对股价波动的影响，以及企业内部控制与会计质量的关系。大致的研究可以分为以下三类。

第一种观点认为，内部控制信息披露或者内部控制质量给企业带来了正面的影响。赫曼森（Hermanson，2000）认为，自愿披露和强制披露的内部控制管理报告（management reporting internal control，MRIC）

都能改进控制措施,但只有自愿的 MRIC 能提供更多的决策信息。威利斯(Willis,2000)认为,公司可以在内部控制报告中与现有的股东和潜在的股东讨论公司实施的战略和公司采取的举措,使股东确信公司的控制权掌握在企业经理人和董事会手中,而且提供详细的内部控制报告能够证明公司治理良好,从而证明了内部控制报告与增加企业价值之间的相关关系,同时可以证明内部控制信息的披露与股价正相关的特性。道尔等(Doyle et al.,2007)根据 2002 年 8 月~2005 年 11 月披露了至少一个重大内控缺陷的 705 家公司的相关资料,实证分析了会计质量和内部控制的关系,研究发现具有内部控制缺陷的企业会计质量同时较差,而较差的会计质量对公司价值会造成负向影响。哈默斯利等(Hammersley et al.,2007)分析了管理者披露的内部控制系统缺陷(如严肃性、管理者对内部控制效果的结论、审计能力、披露的模糊性等)与企业股票之间的相关性,研究表明内部控制系统缺陷会降低企业价值。古卜达和纳亚尔(Gupta and Nayar,2007)研究了美国资本市场中内部控制缺陷披露是否会传递估值相关的信息,研究结果表明,内部控制缺陷与股价之间存在负相关关系。阿什堡夫等(Ashbaugh et al.,2007)探讨了内部控制缺陷及其补救措施对会计质量的影响,发现实施内部控制制度的企业与未实施内部控制制度的企业相比拥有更高的会计盈余质量。阿尔塔穆罗和贝蒂(Altamuro and Beatty,2010)认为,内部控制提高了会计信息质量。巴杰伦等(Bargeron et al.,2010)的观点是,内部控制制度的建立和施行,可以有效地降低企业面临风险的可能性。布罗谢(Brochet,2010)认为,内部控制制度的存在,增加内幕交易的难度、降低内幕交易次数。

第二种观点认为,内部控制不仅不会增加企业经营绩效,相反,会给企业的日常经营带来副作用。如帕特森和史密斯(Patterson and Smith,2007)认为,萨班斯—奥克斯利法案(Sarbanes - Oxley Act,SOX 法案)对提升企业内部控制质量不一定起着正向作用,因为内部控制规定的实施增加了审计过程中的风险与企业成本。恩格尔等(Engel et al.,2007)、张(Zhang,2007)认为,SOX 法案的实施,增加了企业运营成本，致使市场反应消极。高等（Gao et al., 2009）认为，由于 SOX 法案在企业内部控制条款方面的要求使得中小企业如实公布公司信息的积极性下降，以至于这些中小企业蓄意披露虚假信息、对外公布较低的企业盈余质量。

第三种观点认为，内部控制质量的披露，对公司融资成本等无显著影响。如奥涅瓦等（Ogneva et al., 2007）认为，内部控制缺陷与权益资本成本并无直接关联，理由是他们发现报告存在内部控制缺陷会提高公司权益资本成本的这种影响关系，在加入一些与内部控制缺陷有关的控制变量后，就不复存在了。贝内什等（Beneish et al., 2008）发现，内部控制缺陷披露与企业股票价格和资本成本没有显著的相关关系。布罗谢（Brochet, 2010）的研究表明，SOX 法案的内部控制条款对上市公司股票价格、投资者预期、公司运行成本不存在显著影响。

中文文献对内部控制质量的经济后果研究相对较晚，主要是在借鉴外文文献研究方法的基础上，针对内部控制信息披露及内部控制质量对会计信息质量、盈余管理、资本成本、注册会计师审计和高管薪酬等方面的影响进行实证研究。

关于内部控制与财务报告质量的关系，杨有红等（2009）认为，中国上市公司的内部控制信息披露与公司财务报告质量存在显著的正向影响。高质量的内部控制能提高会计信息的透明度（孙光国等，2013）以及会计信息的决策有用性（王运陈等，2015）。内控缺陷与财务信息质量负相关，但自愿披露内控信息和经审计的内控报告，会提升财务信息质量（刘彬，2013）。刘启亮等（2015）发现，高管权利的配置，会显著影响内部控制对会计信息质量的提升作用。肖华等（2013）发现，内部控制有助于提升上市公司盈余质量。

在研究内部控制与融资成本的文献中，程智荣（2012）发现，内部控制质量的提高，可以有效地降低公司的权益资本成本和债务资本成本。闫志刚（2012）发现，相对于内部控制体系存在缺陷的企业，内部控制体系不存在缺陷的企业会具有更小的系统性风险和更低的权益资本成本。陈汉文等（2014）发现，内部控制能显著降低企业的债务融资成本。

中文文献对企业内部控制质量与企业聘请会计师之间的关系展开了研究，张旺峰和张兆国等（2011）发现，注册会计师的审计费用与企业的内部控制质量之间并没有显著的负相关关系。方红星和刘丹（2013）发现，内部控制质量与变更公司审计师的倾向负相关，其中，变更审计师的公司对高质量的审计作业的需求与公司的内部控制质量呈倒"U"型关系。这一发现表明，内部控制质量达到一定水平时，企业内部控制与高质量审计需求之间表现出明显的替代关系。盖地等（2013）发现，内部控制缺陷会导致审计费用上升，而且，对内部控制缺陷的修正不能显著地降低审计费用。

在研究内部控制与企业高管薪酬的文献中，卢锐等（2011）和罗正英等（2016）实证发现，公司内部控制质量与公司管理层薪酬业绩的敏感度呈现正相关关系。而杨程程等（2015）却发现，是内部控制缺陷的信息披露提高了高管薪酬业绩的敏感度，并且，披露了内部控制缺陷的公司的高管比未披露内部控制缺陷公司的高管具有更高的薪酬。

综合上述中外文文献的研究发现，企业内部控制体系的建立与其所产生的经济效益之间的关系尚未达成一致意义。因此，尚需要我们进一步通过实证研究探索内部控制的经济后果。

2.3 投资效率相关研究

2.3.1 投资效率测算方法的研究

关于企业投资效率的定义，中外文文献截至目前尚未达成统一认识。已有的研究中，文献分别从投资规模的适度性、投资回报的合理性、投入产出比例的科学性等方面，对企业的投资效率进行界定和测算，并在测算的基础上，进一步对影响企业投资效率的因素展开理论研究和实证研究。外文文献对投资规模适度性方面的评价可分为两方面：

一方面，仅仅判断投资规模是否适度，比如，法扎里，哈伯德和彼德森（Fazzari, Hubbard and Petersen, 1988）提出的基于投资对现金流的敏感性判别有无投资不足的模型。沃格特（Vogt, 1994）提出的根据企业未来投资机会与现金流交互项进行判别的模型。里斯伯格（Risberg, 2006）提出的平均边际 Q 与最优边际 Q 差异模型；以及中文文献连玉君和程建（2007）提出的根据企业经营效率与现金流的交乘项进行判别的模型。另一方面，测算偏离适度投资规模的程度，比如，目前被广泛借鉴使用的理查德森残差度量模型（Richardson, 2006），通过计算实际投资额与期望投资额的差异（即回归模型的残差），识别和度量偏离适度投资规模的程度。

2.3.1.1 投资适度性识别模型

1. 投资——现金流敏感性判别模型

法扎里等（Fazzari et al., 1987）是以融资约束角度为切入点，研究企业内部现金流与投资之间关系的先行者。他们对信息不对称程度的度量，是使用股利支付率作为代理变量，同时，按照其中的股利支付率将所采集的样本划分为低中高三种不同的股利支付类型，以式（2-1）回归各类型：

$$(I/K)_{i,t} = \beta_0 + \beta_1 (CF/K)_{i,t} + \beta_2 opp_{i,t} + \varepsilon_{i,t} \quad (2-1)$$

在式（2-1）中，企业资本存量以字母 K 表示；在第 t 期调整后，第 i 个企业的资本投资额以 $(I/K)_{i,t}$ 表示；在第 t 期调整后，第 i 个企业的经营现金净流量以 $(CF/K)_{i,t}$ 表示；第 t 期第 i 个企业的投资机会以 $opp_{i,t}$ 表示，其衡量指标一般为 Tobin's Q；投资—现金流的敏感性系数通过 β_1 表示。

法扎里等（1988）的理论研究和与之有关的各种实证分析所获的结果则显示，β_1 的极大值位于低股利支付类企业，β_1 的极小值则位于高股利支付类企业。上述情况体现了企业内外部融资成本之比和信息不对称程度、内部现金流和企业投资间的关联性之间有着明显的正相关关系。也正因如此，企业投资不足多出现于融资约束较为明显之际

(Myers and Majluf, 1984)。

2. 现金流与投资机会交互项判别模型

沃格特（Vogt, 1994）在法扎里等（1988）模型的基础上，将投资机会作为控制变量以及重要的解释变量，构建了静态面板（双因素）模型（2-2）：

$$(I/K)_{i,t} = \beta_0 + \beta_1(CF/K)_{i,t} + \beta_2 Q_{I,t-1} + \beta_3(CF/K)_{i,t} \times Q_{i,t-1} + \beta_4(DCASH/K)_{i,t} + \beta_5(SALES/K)_{i,t} + \gamma_i + \tau_t + \varepsilon_{i,t}$$

(2-2)

在式（2-2）中，K 表示资本存量，$(I/K)_{i,t}$ 表示第 t 期 i 企业在资本调整后支出的资本投资，Q 表示投资机会，$(CF/K)_{i,t}$ 表示经营现金净流量，SALES/K 表示销售收入，DCASH/K 表示现金股利。后两者均为资本调整后的控制变量，时间效应、个体效应分别以 τ 和 γ 体现，投资机会与现金流交互项系数、投资-现金流敏感性分别以 β_3 和 β_1 体现。

若是企业遭遇融资约束，其往往面临投资不足的问题，投资—现金流敏感性和投资机会形成"正比关系"，$\beta_3 > 0$；若是企业投资面临代理问题，则会出现投资过度的情况，则 $\beta_3 < 0$。

此模型将融资约束、代理问题纳入同一框架进行分析，理论分析合乎实际，并在实证研究中获得相应的证实，在整个研究领域中应用面颇广。

3. 现金流与经营效率二者之间的"交乘项判别模型"

连玉君和程建（2007）指出，前述模型实际上可以算作线性模型的一种"不正常状况"，为了保证上市公司体现我国国情的指标能被模型所"捕捉"，他们在沃格特（1994）模型的基础上修改并构建了更适合中国情况的模型。

$$I_{i,t}/K_{i,t-1} = \beta_0 + \beta_1 FQ_{i,t} + \beta_2 CF_{i,t} + \beta_3 CF_{i,t} \times OE_{i,t} + \beta_4 TL_{i,t} + \varepsilon_{i,t}$$

(2-3)

在式（2-3）中，$I_{it}/K_{i,t-1}$ 表示企业投资（期初资本存量调整后）；FQ 表示代理变量（投资机会）——为防止托宾 Q（Tobin's Q）出现衡量偏误而通过 VAR 设置的基准 Q；CF 表示现金净流量（经营活动）；

OE 表示经营效率，后者为随机边界极大似然估计各方面数据之后获得的，>中位数时，OE = 1，≤中位数时，OE = 0；TL 表示资产负债率；β_3 表示现金流与经营效率乘积项系数。

构建这一模型的指导思想在于，假设投资——融资约束影响现金流敏感性，由此可以了解投资支出和 TL 之间存在正相关关系，也就是 β_4 显著为正；反之，则二者呈现负相关关系，也就是 β_3 显著为负。换而言之，就是可以借助于 β_3、β_4 两个数据的情况，来对企业投资状况做出明确判断。

2.3.1.2 投资规模适度性测算模型

1. 平均边际 Q 和最优边际 Q 间差异模型

里斯伯格（Risberg）在穆勒和里尔登（Mueller and Reardon, 1993）的基础上，于 2006 年提出，当项目的 NPV > 0（完美市场条件下），企业可以向该项目继续注资；当项目的 NPV < 0，不应再注资；当项目的 NPV = 0，边际成本 = 边际回报，可获得边际 Q 值，平均边际 Q 和最优边际 Q 间的差异可被看作衡量投资效率高低的指标。

边际 Q 的计算过程如下：

假设第 t 期企业投资 I 的净现值为：

$$NPV_t = \sum_{t=1}^{\infty} \frac{CF_t}{(1+t)^t} - I_t \quad (2-4)$$

式（2-4）中的 CF 是投资产生的现金流量，I 为资本成本。当 NPV = 0 时，投资产生的现金流的现值等于资本成本，移项并两边同除以资本成本后，可得：

$$\frac{PV_t}{I_t} = \sum_{t=1}^{\infty} \frac{CF_t}{(1+t)^t} / I_t \quad (2-5)$$

式（2-5）中的 PV_t 为投资产生现金流的现值，$\sum_{t=1}^{\infty} \frac{CF_t}{(1+t)^t} / I_t$ 反映了投资成本与资本回报二者之间的比值，即"边际 Q"。

假设在完美市场的情况下，令 $Q' = PV_t/I_t$，投资不足和投资过度分别以 $Q' > 1$ 和 $Q' < 1$ 表示。对 $Q' = PV_t/I_t$，左右两边同时乘以 I_t 即得到

式 (2-6)。

$$PV_t = I_t Q' \quad (2-6)$$

第 t 期企业市场价值 M_t 可表示为:

$$M_t = M_{t-1} + PV_t - \delta M_{t-1} + \varepsilon_t \quad (2-7)$$

在式 (2-7) 中，δ 表示总资产折旧率；ε_t 表示市场估算 M_t（企业市场价值）过程中可能出现的随机误差项，并假设 ε_t 的均值为零，方差不变。

将式 (2-6) 代入式 (2-7)，并在等式两边同时除以 M_{t-1}，移项后得到式 (2-8)：

$$\frac{M_t - M_{t-1}}{M_{t-1}} = -\delta + Q' \frac{I_t}{M_{t-1}} + \frac{\varepsilon_t}{M_{t-1}} \quad (2-8)$$

若将 δ、Q′ 看作常量，则式 (2.8) 可改写为：

$$\frac{M_t - M_{t-1}}{M_{t-1}} = \beta_0 + \beta_1 \frac{I_t}{M_{t-1}} + \varepsilon'_t \quad (2-9)$$

对式 (2-9) 进行回归，分析得到参数 β_1 的估计值 $\hat{\beta}_1$，即平均边际 Q 的估计值（用 $\hat{Q}'$ 表示）。而平均边际 Q 值与最优边际 Q 值之差的绝对值（$|\hat{Q}' - Q'^*|$），即被视作企业的投资效率。此外，企业的投资效率，也可以用"距离"$(\hat{Q}' - Q'^*)^2$ 来衡量。

2. 残差度量模型

理查德森（Richardson, 2006）在研究企业自由现金流与投资过度问题时，建立了一个衡量企业非效率投资的模型。许多中文文献引用了该模型，如杨华军和胡奕明（2007）、辛清泉等（2007）、魏明海和柳建华（2007）、姜付秀等（2009）等。模型的基本思想是，第一步，先计算企业的平均资本投资水平；第二步，再用模型的回归获得的残差项，反映实际投资规模与预计投资规模的差异，如果残差为正，则表明投资过度；如果残差为负，则表明投资不足。该模型如下：

$$I_{i,t} = \beta_0 + \beta_1 V/P_{i,t-1} + \beta_2 Lev_{i,t-1} + \beta_3 Cash_{i,t-1} + \beta_4 Age_{i,t-1} + \beta_5 Size_{i,t-1} + \beta_6 Ret_{i,t-1} + \beta_7 I_{i,t-1} + \varepsilon_{i,t} \quad (2-10)$$

在式 (2-10) 中，I 是净投资；V/P 是投资机会的逆，V/P 可用 Tobin's Q 的逆度量；其他变量，如资产负债率、个股超额收益率、资产规模（取自然对数后）、上市年限和现金存量，分别以 Lev、Ret、Size、Age 和 Cash 表示。

3. 残差度量修正模型

威尔第（Verdi，2006）在研究中发现，理查德森（Richardson，2006）模型能否准确地测算非效率投资，依赖于"投资的拟合值是每家企业的最优投资水平"这一前提条件。然而，实际情况是大多数企业通常都在一定程度上存在代理问题，现实的资本市场往往也并非完美。这样，就导致使用理查德森（2006）模型时，企业最优投资水平往往极难被解释变量所拟合，进一步的，模型中的残差对企业投资效率的度量就缺乏准确性了。因此，威尔第将出发点定位为对行业最优投资水平的估算，分行业回归分析经典的 Q 投资模型，行业的非效率投资状况测算则以回归残差方法完成。

2.3.1.3 根据投入产出关系测算投资效率

1. 全要素生产率（TFP）

一般将经济增长中除了各生产要素（如资本要素、劳动要素等）投入之外所导致的产出增加视为全要素生产率（total factor productivity，TFP），又名综合要素生产率，是经济增长研究领域中一个很重要的指标。具体计算层面，可用生产函数中剔除要素投入贡献后所得到的残差来度量。最初的全要素生产率是宏观经济中的概念，现逐渐被引入微观企业的研究中。比如，勃兰特等（Brandt et al.，2010）从公司层面研究中国制造业生产率增长问题时，就使用了 TFP 指标。覃家琦等（2009）认为，财务学研究的投资与经济学研究的生产是等同的，并由此推导出微观企业的投资效率与生产效率或生产率是等价的。进而，他们提出了投资效率可分为静态效率和动态效率的观点，其中，静态的投资效率可使用 TFP 来测量，动态的投资效率可通过全要素生产率增长率来度量。周新苗和唐绍祥（2011）研究得出的结论也认为，全要素生产率 TFP 可以从微观角度衡量一个企业因技术进步而提高的生产效率。

2. 数据包络分析方法（data envelopment analysis，DEA）

在生产函数这一分析框架之下，将上市公司定位为生产单元，在与之有关的生产函数之下，企业在上市后以相应的产出来转化投入的要素。此时，生产单元也是决策单元（decision making units，DMU）。DEA 分析方法通过比较投入产出指标的各种权重，构建上市公司投资行为实施后的一系列产品制造过程中的相应有效前沿面，并以有效前沿面与生产单元的距离评价上市公司的投资行为结果是否有效。根据在生产过程中的规模报酬是否发生变化，该方法能够划分为两个主要的分模型：即规模报酬可变模型（VRS）和规模报酬不变模型（CRS）。

王坚强等（2010）在研究中提出了以逼近于理想解的排序技术方法（technique for order preference by similarity to an ideal solution，TOPSIS）为基础对企业投资效率做出评价的 DEA 模型，其所获得的结果验证了在评价企业投资效率方面，DEA 模型所体现出的有效性和可行性。

2.3.2　影响投资效率因素的研究

纳拉亚南（Narayanan，1988）的观点是，在存在信息不对称时，外部投资者拥有的信息和企业内部人员相比少得多，公司股东不具备条件去辨识、监督管理公司实施的投资项目。为使得企业管理层自身能够获得尽可多的利益，企业管理层往往会上马很多净现值<0 的项目，投资过度问题就会出现。除此之外，债务市场上股东和债权人也有着明显的信息不对称问题，以至于风险补偿的提出权完全在于债权人方面，由此无端增加了很多企业融资成本，造成融资约束并形成投资不足的状况。

在股票市场上，梅耶斯和迈基里夫（Myers and Majluf，1984）认为，在股东和管理层利益相同之时，企业管理者往往会在新股价格被高估之际公开发行股票，因为存在信息不对称这一状况，投资者多会对管理者意图做出"逆向判断"，相应折价新股（因为其多将新股的发行看作是负面消息），拉低股票价格。以至于处于上升周期蓬勃发展的企业由于筹集不够预期的资金，只能对有良好前景并且净现值>0 的投资项目忍痛割爱，从而造成投资不足的情况。纳拉亚南（Narayanan，1988）对"当信息不对称仅仅局限于新项目的投资价值时，股权融资是否会导致过度投资"问题进行了研究，他们的研究结论是肯定的。此情况的原因在于，新项目的价格在股票市场中多源于平均价值，而不少净现值不同的项目存在于均衡市场中的现象，就会造成企业虽然投资那些净现值不高的项目，但因为出售高估值的股票仍然能获利。其间，在投资净现值<0的项目中所产生的损失，大多数都可由获利弥补。由此可见，如果资本市场能够高估上市公司的股票，即使管理层提出对净现值为负的项目进行投资的预案，也不会被股东大会否决，从而在这些公司中出现投资过度的情况。

在债务市场上，施蒂格利茨和韦斯（Stiglitz and Weiss，1981）认为，债权人在投资项目的质量鉴定方面是没有把握的（因为信息量不足），而股东和债权人间的信息不对称问题也会因此而出现后者逆向选择的情况，债权人会对股东未来的资产替代行为选择折现，故而其风险溢价要求更高。同时，债权人也会借助各种办法增加股东融资成本，因此，导致投资不足状况的产生。很多时候，企业债权人和管理者对投资项目中所产生的各种净现金流的持有预期，会因为信息不对称的存在而不同。外部债权人会要求更高的利率对自身信息获取方面的劣势予以相应补偿，由此提升融资成本导致企业投资不足。故而信息不对称会造成融资成本提高，过高的融资成本就会导致企业面临不应有的融资"瓶颈"，最终造成投资不足（Russel et al.，1976）。

赵连静等（2011）通过对中国农业上市公司的研究发现，会计信息质量能减少信息不对称问题、缓解代理冲突和融资约束，有效地减少非效率投资，但这种效应会被企业现金过剩所削弱。充分的信息披露能减少信息发布方和信息使用者之间的信息不对称，股票价格中所隐含的信息量可以有效地减少上市公司因为代理冲突所产生的非效率投资问题（杨继伟，2011）。社会责任信息的披露，也能有效地提升投资效率、减少投资过度（曹亚勇等，2012）。但是，非财务信息的自愿披露，只能减少投资不足，却不能抑制投资过度（程新生等，2012）。会计稳健性能显著抑制过度投资，但受高管背景特征的影响，且在国有企业和非国有企业中，影响会计稳健性与投资效率关系的高管背景特征各不相同（韩静等，2014）。

银企关系能调节企业面临的融资约束（翟胜宝等，2014），企业管理者的能力也能减少信息不对称和代理冲突，管理者能力越强，越注重缓解信息不对称、缓和融资约束和代理冲突（潘前进等，2015），从而提高企业的投资效率。此外，中文文献还发现，媒体报道有助于减少信息不对称，但对投资效率的影响并不确定，正面报道会使管理者过度自信导致投资过度；而负面报道作用不明显（张建勇等，2014）。刘行等（2013）认为，避税将导致更加严重的信息不对称和代理问题，从而引发非效率投资。

通过上述文献的梳理可以发现，中外文文献虽然从不同角度分析了不同因素对企业投资效率的影响，但是，这些因素要么是和"人"——高管或者管理层相关，要么和"制度"——信息披露等制约机制有关。因此，接下来进一步梳理"人"（高管团队）和"制度"（内部控制）对投资效率影响的相关文献。

2.4 高管团队与投资效率的相关研究

外文文献基于委托代理理论，研究了高管或高管团队对企业投资效率的影响。

基于委托代理关系下高管团队与股东之间的代理冲突，墨菲（Murphy，1985）认为，公司规模与公司高管团队所追求的个人权威、权力、话语权以及薪水等成正比。在这种内在激励的刺激下，高管团队会不断扩张公司规模以致超出公司发展的合理规模，通过展开新的投资项目，高管团队对公司资产的控制权不断扩张，从而导致过度投资。纳拉亚南（Narayanan，1985）则认为，高管团队为了获得董事会的信任，在公司内部迅速建立威望，往往更有可能将资金投资于见效快、资金回收周期短的项目,而不顾及所投资项目的长期收益。詹森(Jensen,1986)提出"自由现金流假说",认为企业高管出于个人利益考量,为获得更高的经济利益,往往有强烈的通过扩大企业经营规模建立"经济王国"的动机。只要现金流充沛,企业管理层可能会在没有对项目进行详细论证的情况下便对其进行投资,由此产生了过度投资。沙尔夫斯泰因和斯坦(Scharfstein and Stein,1990)认为,当企业管理者在公司中具有一定地位后,出于自己的声誉和威望考虑,便没有动力追求具有前瞻性的投资决策,而是倾向于追随其他企业大多数管理者的稳妥投资行为,规避投资风险。霍姆斯特罗姆和科斯塔(Holmstrom and Costa,1986)认为,高管团队中为数不少的风险规避型人员可能会由于自身职业发展被投资失败影响而主动放弃有一定风险但收益很大的投资机会,而选择安全稳妥但收益较低的项目进行投资。除此之外,还会出现高管团队因为各种原因而不敢或不愿承认决策失误,只好坚持成功概率不高的投资项目并对其继续追加投资。罗尔(Roll,1986)的观点是,如果企业高管过度自信,就会对投资项目产生更高的乐观预期,同时认为市场低估了企业价值,故不愿意为投资项目寻求外部融资,从而增加了投资的"现金流敏感度"。这一结论得到了马尔门迪尔和泰特(Malmendier and Tate,2005)的验证。

当存在大股东—小股东代理冲突时,约翰和纳希曼(John and Nachman,1985)发现,当大股东拥有对企业现金流的控制权,可能会将企业现金流私人套现——如在财务公司(大股东控制)的投资项目(多属于大股东个人)中存入企业现金,使得企业只能得到银行存款利息,当大股东在企业项目投资回报中分享的获利低于大股东个人投资项目获利的情况下,大股东往往会对企业投资项目中净现值>0者投出反对票,由此造成投资不足现象。中小股东会因为大股东对企业的"掏空"而受到利益损害(Shleifer and Vishny,1997),而高管团队会为了自利选择与大股东合谋做出非效率投资的决策,进一步使中小股东受损。并且,高管权力越大,在合谋中获利越多,就越有动机与大股东合谋,越容易产生企业非效率投资(La Porta et al.,2000)。高管通过与大股东合谋，加剧代理问题，使企业投资沦为高管权力"寻租"的工具（Bebchuk and Fried，2003）。

基于债权人和股东之间的代理冲突，法玛和默顿（Fama and Merton，1972）发现，这二者间的代理冲突导致难以同时最大化两者利益。梅耶斯（Myers，1977）发现，在一些存在较高资产负债率的企业中，若股东和高管团队有"利益共同体"关系，股东便可能放弃那些低风险投资项目（债权人可获得多数投资收益归属），转而向高回报、高风险项目投放企业资金。这样可以达到股东利益最大化，若这样的活动获得成功，其可以获得更多收益，反之，则由债权人承担损失——这样的情况会造成投资不足和投资过度"并存"。然而，股东与高管团队彼此间存在冲突，也会造成负债融资的"相机治理"，从而提高投资效率并减少代理成本。詹森（1986）从约束机制来看，可供高管团队使用的自由现金流会由于支付负债的本金和利息而减少，经济规律会使得企业之外的金融市场更严厉地约束和监管企业高管团队，以至于后者不得不保证投资的效率。就激励角度而言，负债能够进一步降低企业依赖权益融资（外部）的情况，在高管团队持股和企业投资总额形成一个合理比例之际，高管团队方面的持股比例就会被负债"间接提高"，以此将股东和高管团队形成"利益共同体"，对高管团队和股东间的矛盾予以缓和。格罗斯曼和哈特（Grossman and Hart，1986）认为，除了物质收益方面，企业高管团队也更讲究公司地位、个人声誉之类非物质收益的获得，考虑到负债融资的潜在风险，高管团队往往会谨慎地规避投资风险。也有一些文献中体现出，在一些成长性较低的企业中，高管团队的投资过度行为会由于公司负债而得到有效的约束，而在高成长性的企业中，负债往往导致投资不足。

中文文献刘斌等（2011）、罗付岩等（2013）、李维安等（2014）和柳建华等（2015）的研究，也证明了管理者代理问题会加剧企业非效率投资行为的发生。而且，罗明琦（2014）还发现，这种影响与企业的产权性质无关。应千伟等（2012）认为，代理冲突比融资约束更容易导致非效率投资。

高管团队内部成员之间的薪酬差距能提高投资效率，但如果薪酬差距过大，反而会促使非效率投资发生（王建军，刘红霞，2015）。另外，如果高管团队与企业外部薪酬差距过大，也会因为嫉妒心理而降低企业的投资效率（王嘉歆，黄国良，2016）。

关于高管背景特征与企业绩效等的关系，中外文文献从高管的性别、年龄和学历等方面也做了大量的研究。

（1）关于高管性别特征的研究。在财务决策过程中，女性高管相较于男性高管而言，风险意识更强，在管理风格中相对追求稳中求胜，更加注重控制企业经营风险（Halko et al.，2012；Hardies et al.，2013）。由女性高管掌管的公司，存续时间更长，存活率更高（Boden and Nucci，2000）。男性高管在公司财务决策中会做出更多重大融资和投资的决定（Huang and Kisgen，2013）。但是，若波和华生（Robb and Watson，2012）研究发现，女性高管和男性高管对企业的经营绩效并无显著影响。

（2）关于高管年龄特征的研究。由于成长环境、职业生涯和教育背景等方面有很大的差异，导致不同年龄段高管的价值取向各不相同，从而影响其行为决策。随着年龄的增长，人的精力、体力等都会出现下降的迹象，年长的高管更多依赖长期的职业经验做出行为决策，受思维定式的影响比较大（Taylor，1975）。年长的高管对各种信息的整合能力和对环境变化的适应能力，也要弱于年轻的高管（Wiersema and Bantel 1992）。因此，随着年龄的增长，企业的高管人员会更加注重稳定性，不愿冒险，更愿选择维持现状或做出较为保守的决策（Hambrick and Masom，1984）。而年轻的高管们对外部环境的变化更为敏感、更愿意冒险，能更早发现机会并抢占先机（孙海法等，2006），从而推进企业多元化经营的进程（Tihanyi，2000）。

（3）关于高管的教育背景的研究。在某种程度上，教育背景能影响一个人的学习能力、专业胜任能力、洞察能力和创新能力以及三观，不同教育水平的人行为决策会产生差异（Hambrick and Mason，1984）。高管的教育水平与其战略行动的范围、速度和可见性显著正相关

(Wiersema and Bantel，1992)，有利于企业的长远发展，并对企业绩效产生影响(Smith et al.，1994)。但是，高管的教育水平越高，也可能更易以自我为中心，影响整个高管团队的合作，从而影响企业的绩效(Flood，1997)。

关于高管团队人力资本对投资效率的影响，相关研究文献比较少。代昀昊等(2017)对高管团队成员的海外背景进行了研究，发现海归的高管能显著抑制过度投资，但对投资不足影响不明显。卢馨等(2017)研究了高管团队的背景特征与投资效率的关系，结果表明高管团队成员年龄和任职年限两个特征能显著提高投资效率，而学历以及性别则与投资效率不存在显著关系；对高管的薪酬激励能加强高管团队年龄和任期两个特征的治理效应。这些研究结果使高管团队人力资本在治理企业投资效率中的重要性凸显。

2.5 内部控制与投资效率的相关研究

中外文文献早期关于内部控制经济后果的研究主要集中于会计信息质量、市场反应和资本成本等方面，近年来才有少量文献涉猎内部控制对公司投资行为的影响，但研究结论并不完全一致。

拉·波尔塔等(La Porta et al.，1998)以及程·M.等(Cheng M. et al.，2013)的研究表明，企业投资效率与内部控制质量正相关，内部控制质量越高，越能缓解代理冲突，并抑制非效率投资(Biddle and Hilary，2006；Biddle，Hilary and Verdi，2008)。另外，比利特、加芬克尔和蒋(Billett，Garfinkel and Jiang，2011)以及吉鲁和穆勒(Giroud and Mueller，2011)实证发现，公司治理与企业投资效率呈显著的正相关关系，公司治理水平越高，越能显著抑制非效率投资，提高企业投资效率。戴维·德安吉利斯(David De Angelis，2011)发现，美国上市公司中，企业资本配置效率的失效很大程度上是由于信息不对称造成的，并且在《萨班斯法案》颁布之后，企业内部资本配置效率将得到提高,且内部资本市场将会创造更大的价值。因而认为《萨班斯法案》对于提高资本配置效率是有重要意义的。

吕长江等(2011)认为,股权激励能缓解代理问题,并且应该将约束机制(内部控制)和激励机制(EVA考核)结合起来,综合治理企业的非效率投资。陈运森等(2011)认为,独立董事机制能改善企业投资效率,但企业最终控制人的产权性质以及地方政府对企业的干预程度,会影响这种机制作用的发挥。李万福等(2011)对内部控制在公司投资中的角色进行了直接的实证检验,针对不同情况下内部控制对投资效率的作用做了有益探讨。研究发现,当公司存在过度投资的倾向时,内部控制质量低时会发生过度投资,同样也会加剧投资不足的现象,即相对于内部控制质量较高的公司,内控质量较差的公司更有可能出现非效率投资行为。方红星等(2013)发现,公司治理和内部控制能减少代理冲突、抑制企业非效率投资,并且,分别对意愿性的非效率投资和操作性的非效率投资起到抑制作用。孙慧等(2013)将上市公司按照政府控制层级划分为中央政府控股和地方政府控股两类,发现内部控制质量与国有上市公司投资效率表现出显著的正相关关系;内部控制建设对中央政府控股上市公司投资效率的改善效果,比地方政府控股的上市公司更为显著。张超等(2015)认为,虽然中国企业内部控制信息可靠性不高,但是,内控信息的披露能改善企业投资效率。

上述文献都表明,内部控制能约束企业的投资行为,抑制非效率投资,提高企业的投资效率。但是,公司过度投资的影响因素很多,既包括公司层面的,也包括非公司层面的,即使检验发现内部控制能抑制公司的过度投资行为,也不能表明内部控制对每一种因素引起的公司过度投资行为都有抑制作用。另外,也有中文文献发现,内部控制并不能显著地减少企业的投资不足问题或者投资过度问题(于忠泊,田高良,2009)。

2.6 中外文文献评述

通过对中外文相关文献的梳理,可以发现外文文献在人力资本、内部控制以及投资效率三方面的研究，都要比中文文献领先。可能的原因是，一方面，相关经济学理论和方法都来自西方学术界；另一方面，中国的资本市场发展比较晚。中外文文献针对人力资本、内部控制或者投资效率做了大量的研究并取得了丰硕的成果，关于这三者之间的交错关系也有相关的研究并形成一定的成果，这些成果大致可归纳为：

（1）关于人力资本的研究，以往多是在经济学中从宏观层面研究人力资本对经济发展的影响等，近年来，学者们开始关注微观企业中高管人力资本的经济后果，比如，对企业绩效的影响等。

（2）中外文文献围绕如何评价企业的内部控制以及内部控制的经济后果做了大量研究。文献从不同的角度构建了不同的评价模型，对内部控制的质量进行评价。不同文献分别通过理论分析和实证检验，从内部控制目标的角度，分析并验证了内部控制具有影响公司经营效率和经营效益、提升会计信息质量、减少盈余管理、资本成本、注册会计师审计收费等方面的经济后果，突出了企业建立、健全并充分发挥内部控制作用的必要性和重要性。

（3）虽然中外文文献尚未就如何界定企业投资效率达成一致，但关于企业投资效率的测算方法和影响投资效率的因素等问题也形成了丰富的研究成果。中外文文献对投资效率的测算有考虑投入产出关系的数据包络分析方法（DEA）以及全要素生产率（TFP）等方法。但自从2006年理查德森提出了残差模型后，大多数文献都借鉴该模型，从投资规模适度性角度测算实际投资规模与预期投资规模的差异，并以此来评价投资效率的高低，包括投资过度和投资不足两个方面。在此基础上，文献从代理问题和信息不对称问题等方面，研究了信息披露、管理者过度自信等因素对投资效率的影响。

（4）关于内部控制对企业投资效率的影响，中外文文献也做了大量研究，得出相对一致的结论。但是，关于高管团队人力资本对企业投资效率的影响，尤其是将高管团队人力资本这一"人"的因素与内部控制这一"制度"因素结合起来，分析共同影响企业投资效率的研究文献尚比较少见。

因此，通过文献梳理，本书主要将"人"和"制度"两个因素结合起来，在已有研究文献的基础上，进一步探讨企业人力资本中的核心——高管团队的人力资本对投资效率的影响机理、内部控制对投资效率的治理机制，以及高管团队人力资本和内部控制共同作用下对投资效率的交互影响。

第3章 中国创业板上市公司投资效率分析

中小企业数量庞大,在中国社会发展中发挥着非常重要的作用。创业板上市公司是中小企业中最具创新力的优秀代表,在首次公开发行(initial public offering,IPO)时,高发行市盈率和高额超募的现象引发了投资者和学者们对其投资效率的思考。高效率的投资,是企业获取可持续发展能力的重要基础。本章将重点对创业板上市公司的投资效率进行研究,测算投资效率、分析投资现状及其成因,为进一步研究其影响因素提供基础数据以及逻辑起点。

3.1 中国创业板市场发展历程及现状

创业板市场(growth enterprise market,GEM)是资本市场中,在主要服务大型成熟公司的主板市场以外,为那些暂时无法达到主板市场的上市要求、但具有良好发展潜力及高成长性的新兴中小企业,提供融资渠道和交易平台的证券交易市场。创业板市场是资本市场的重要组成部分,同时,还承担着分散风险投资基金风险,促进高科技风险投资、促进知识和资本的结合,推动知识经济的发展等方面的作用。

3.1.1 创业板市场的特点及模式

最早的创业板市场,可追溯至成立于1971年的美国纳斯达克市场

（NASDAQ）。国内外创业板市场通常具有以下特点：

3.1.1.1 上市标准相对较低

相对于主板市场的严格上市条件，主要为具有高发展潜力和高成长性的中小企业和新兴创新公司尤其是高科技企业，提供融资和资本运作平台的创业板市场，上市条件显得要更为宽松。

3.1.1.2 上市公司的技术风险和经营风险比较大

在创业板的上市公司具有高成长性等特点的同时，由于这些公司成立时间往往比较短，规模比较小，业绩也不够突出或稳定，尚处于成长期，因此，创业板上市公司技术的成熟及推广存在不确定性，其在经营过程中的抗风险能力相对于主板市场的大公司弱。

3.1.1.3 上市公司的信息披露更严格

由于创业板上市公司具有前述的上市条件宽松、高风险、高增长潜力等特点，为了保护投资者，促进创业板市场的健康发展，需要相对于主板市场的上市公司而言更为严格的信息披露要求。创业板上市公司必须及时、全面、准确地披露相关的财务信息以及可能引起股票价格波动的其他信息，确保投资者等相关信息使用者能够更加准确、全面地了解创业板上市公司，以便对创业板上市公司作出科学、合理的评价及投资决策。

此外，创业板市场还有上市费用相对低、主要面向机构投资者等特点。

根据创业板市场和主板市场的关系，40多个中外创业板市场可归类为三种发展模式：

第一类，独立模式。在这种模式下，创业板市场与该国（地区）资本市场中的主板市场相对独立、平行发展。其独立性表现在市场定位、服务对象、运行机制和监管体系等方面。美国的纳斯达克市场（NASDAQ）、日本的证券经纪人自动报价系统（JASDAQ）等较为早期的创业板市场，大多采取独立模式。中国在深圳证券交易所创立创业板市场时，也参照了美国和日本的独立模式。

第二类，附属模式。创业板市场附属于该国（地区）资本市场中的主板市场，在交易系统、信息披露规则、监管标准等方面与主板市场一致，仅仅在上市标准方面比主板市场更为宽松。附属模式的优点很明显，在创业板市场创建的过程中，可以借鉴主板市场的成熟经验和条件，创建成本相对较低，而且，由于附属于主板市场，可以很便捷地帮助在创业板市场上市后发展成熟并满足主板市场条件的公司顺利转至主板市场。这种模式下的创业板市场，既为新兴的中小企业提供了股权融资的平台，也为主板市场的发展提供了梯队储备。附属模式的代表，有新加坡创业板市场（SESDAQ）。

第三类，网络模式。网络模式是指，这种模式的创业板市场并不是单独的某一个国家或地区的市场，而是由多个国家或地区的创业板市场或者新兴市场共同组成的一个市场网络。因此，这种模式相较于前两种模式有其特殊性，其创立和发展过程中，一般都借鉴世界上最成功的创业板市场——美国纳斯达克市场，但又保持了自身的一些特点或者创新。比如，欧洲新市场（euro new market）采用的就是网络模式，欧洲新市场并不是一个独立的创业板市场，而是基于在欧洲范围内甚至全世界的投资者更方便地为其成员国中高成长中小企业提供融资的目的，在创立于巴黎证券交易所的法国新兴证券市场（nouveau market）基础上，与创立于法兰克福证券交易所的德国新市场（neuer markt of deutsche börse）、创立于布鲁塞尔证券交易所的比利时新市场（EURO. NM Belgium）、创立于阿姆斯特丹证券交易所的荷兰新市场（NMAX）联合组建而成的一个市场网络。在这个市场网络中，各个市场相对独立，但具有统一的、最低的运作标准和实时的市场行情。

3.1.2 中国创业板市场的发展历程

目前，中小企业已经成为中国经济发展的主力军。根据国务院第二次全国经济普查领导小组办公室和国家统计局于2009年发布的全国经济普查公报,① 以及工业和信息化部于2016年7月发布的《促进中小企业发展规划（2016~2020年）》,② 截至2008年12月31日和2015年12月31日,中国经过工商登记的中小企业的数量从超过500万家增长至超过2 000万家,个体工商户的数量从超过4 300万家增加至超过5 400万家,共占全国企业总数的99.6%。在国内生产总值中,由中小企业创造的最终产品和服务的价值贡献了60%,发明创造及创新也主要由中小企业完成,其中,中小企业贡献了我国66%的专利、完成了74%以上的技术创新及82%以上的新产品研发。中小企业还提供了80%以上的就业岗位,为中国经济持续、健康、高速发展,做出巨大贡献。一方面,中国庞大的市场、丰富的人力资源和良好的科研基础及环境,为中小企业提供了良好的生存条件和发展空间;另一方面,中国不够完善的资本市场使广大中小企业面临融资难的困境,限制了中小企业的自主创新及成长。因此,借鉴国外的先进经验,建立和健全多层次的资本市场、创立中国创业板市场,具有非常重要的意义。

中国创业板市场经历了筹备、创立到发展完善三个阶段。

第一阶段：筹备期（1999~2006年）。1999年,国务院出台《关于加强技术创新、发展高科技、实现产业现代化的决定》,第一次以文件提案形式提出,要在适当时候在中国资本市场中为促进高新技术产业发展而专设高新技术企业板块。2000年,深圳证券交易所开始筹备创业板,并且暂停了新股在该交易所的发行。然而,随着2001年初在美国爆出的上市公司的财务造假丑闻,以及美国新经济"泡沫"破灭导致的美国纳斯达克指数大跌,中国暂时搁置了创业板的筹备工作。2004年,深圳证券交易所开设中小企业板,作为创业板创立前的过渡。2001~2004年,《中华人民共和国证券法》经历了两次修订和修正;沪

---

① 国家统计局统计公告,http://www.stats.gov.cn/tjsj/tjgb/jjpcgb/。
② 工信部网站文件发布,http://www.miit.gov.cn/n1146285/n1146352/n3054355/n3057527/n3057529/c5060464/content.html。

深两市完成了股权分置改革，解决了主板市场中不能全流通的历史遗留问题。

第二阶段：创立期（2007～2009年）。2007年，深圳证券交易所在中国证监会的支持下，初步拟定了创业板的框架。2007年，国务院批准了《创业板发行上市管理办法（草案）》。2008年，中国证监会对《首次公开发行股票并在创业板上市管理办法（征求意见稿）》向社会公开征求意见。2009年，中国证监会颁布实施《首次公开发行股票并在创业板上市管理暂行办法》和《创业板市场投资者适当性管理暂行规定》，2009年10月23日，深圳证券交易所宣布正式创立创业板市场。

第三阶段：发展完善期（2010年至今）。创业板市场正式开板后，深圳证券交易所很快在2010年推出了创业板指数，表明创业板走向规范化和成熟。2012年，修订了《深圳证券交易所创业板股票上市规则》，明确了创业板退市制度。2013年，深圳证券交易所发布了《创业板行业信息披露指引（第1号）》和《创业板行业信息披露指引（第2号）》，进一步规范信息披露。

3.1.3 中国创业板市场发展现状

借鉴美国NASDAQ市场的经验，中国创业板市场主要面向在中国工商注册的中小企业，无论其所有权性质是国有还是民营，只要其具有高成长性、高科技、高附加值，新经济、新技术、新农业、新材料、新能源、新服务等"三高六新"的特点，就是创业板市场潜在的服务对象。

中国创业板市场自2009年创立以来，发展极其迅速，2010年10月创立一周年时，上市公司数量就从首批28家猛增到130家，创业板流通股总市值和创业板股票总市值分别达到1 119.25亿元和4 986.96亿元。而截至2016年12月31日，创业板上市公司数已达570家，发行总股本为2 630.61亿股，总流通股为1 700.44亿股，总市值达到

52 254.50亿元，流通市值为 30 536.90 亿元，见表 3.1。

表 3.1　　　　　　　　中国创业板市场数据统计

日期	公司数（家）	总发行股本（亿股）	总流通股本（亿股）	年末总市值（亿元）	年末流通市值（亿元）	市盈率（%）
2009/12/31	36	34.60	6.48	1 610.08	342.12	71.38
2010/12/31	153	175.06	50.38	7 365.22	2 005.64	78.53
2011/12/31	281	399.53	142.22	7 433.79	2675.90	42.33
2012/12/31	355	600.89	242.05	8 732.04	3 855.67	39.23
2013/12/31	355	761.56	430.01	15 091.97	8 218.83	55.21
2014/12/31	406	1 077.26	687.69	21 850.94	13 072.90	68.47
2015/12/31	492	1 840.45	1 168.89	55 916.25	40 819.51	103.09
2016/12/31	570	2 630.61	1 700.44	52 254.50	30 536.90	73.21

资料来源：作者根据同花顺创业板市场统计数据整理计算而得。

中国创业板市场除了 2013 年暂停 IPO 一年外，2009～2012 年和 2014 年至今两个阶段，创业板上市公司均快速增长。受中国证券市场沪深两市行情的影响，2010 年推出的创业板指数也在较长的时期内处于低迷又相对稳定的状态。直至 2013 年下半年开始逐渐走高，2015 年年中达到一个峰点。这与经济环境的不断向好、国家对于高新企业的大力扶持密不可分。

目前，创业板市场已成为中国优质创新型中小企业的重要的融资平台，大部分上市公司是信息技术、新材料、生物医药、通信等高新技术企业。通过上市融资，也为这些中小企业提供了规范和提升经营管理能力的机会，为进一步提升这些上市中小企业的自主创新能力和科技创新能力提供了制度前提，从而为提升、强化中国科技实力，为实现建设创新型国家的目标提供技术条件和制度保障。

根据中国证监会的行业分类标准以及深圳证券交易所的统计信息，截至 2016 年 12 月 31 日，在中国创业板市场已上市的公司中，具有高新技术性质的企业占据了绝大多数。表 3.2 的统计信息显示，创业板上市公司近 90% 集中在制造业及信息技术业，其中，制造业为 394 家，占比 69.12%；信息技术业为 108 家，占比 18.95%。制造业的上市公司主要分布在机械、设备、仪表、电子、医药、生物制药、石油、化学、塑胶、塑料以及金属、非金属等高科技、高附加值的细分行业；食品、饮料、纺织、服装、皮毛、木材、家具等细分行业上市公司数量均少于5个，主要原因为这些细分行业高科技含量不高，不符合创业板上市公司的入市要求。除此之外，创业板上市公司主要分布在社会服务业，占比为4.39%；传播与文化产业，占比为1.93%；金融、保险业以及房地产业至今未有公司在创业板上市。

表3.2　　　　　　　创业板上市公司行业分布情况

行业	上市公司数量（家）	占比（%）
农、林、牧、渔业	8	1.40
采掘业	4	0.70
制造业	394	69.12
水电煤气业	2	0.35
建筑业	9	1.58
交通运输、仓储业	2	0.35
信息技术业	108	18.95
批发和零售贸易	7	1.23
金融、保险业	0	0.00
房地产业	0	0.00
社会服务业	25	4.39
传播与文化产业	11	1.93
合计	570	100

注：数据截至2016年12月31日。
资料来源：作者根据深圳证券交易所网站公布的创业板上市公司列表，http://www.szse.cn/main/chinext/ssgs/ssgslb/。

截至2016年12月31日，创业板上市公司数量的地区分区和省区市分布非常不平衡，主要集中在华东、华南和华北三个地区。华东地区共有223家创业板上市公司，占比为39.12%；华南地区有126家创业板上市公司，占比为22.11%；华北地区有109家创业板上市公司，占比为19.12%。这三个地区的创业板上市公司数量合计占比为80.25%。这与中国当前东中西部经济发展存在差异、东部地区更具经济活力且创新人才和中小企业众多的发展现状相一致。同时，根据各省区市的分布统计，位列前七位的省市的创业板上市公司数量占比为74.52%，同样体现了全国以及区域内的省际不平衡的差异。广东省民营经济发达以及有成熟的电子工业和高新技术产业链，几乎集中了华南地区全部的创业板上市公司。华东地区的创业板上市公司主要集中在民营经济发达的苏浙沪三省市。高校集中以及创新创业人才聚集的北京市，也拥有华北地区近80%的创业板上市公司。另外，作为西南经济大省的四川省，拥有24家创业板上市公司，在全国排名第六，并占西南地区总数的3/4。由于创业板上市公司地区分布主要集中在华东、华南、华北三地，因此，本书在研究过程中，将创业板上市公司所在区域分为华东、华南、华北和其他四个地区。地区和省市分布情况，见表3.3。

表3.3　　　　　　　　创业板上市公司地区和省市分布情况

地区	数量（家）	占比（%）	省市	数量（家）	占比（%）
华东	223	39.12	广东	123	21.62
华南	126	22.11	北京	86	15.11
华北	109	19.12	江苏	68	11.95
西南	32	5.61	浙江	60	10.54
西北	15	2.63	上海	40	7.03
东北	16	2.81	四川	24	4.22
华中	48	8.42	山东	23	4.04
合计	570	100	合计	424	74.52

注：数据截至2016年12月31日。
资料来源：作者根据深圳证券交易所网站公布的创业板上市公司列表，http://www.szse.cn/main/chinext/ssgs/ssgslb/。

3.2　中国创业板市场投资效率的问题及成因分析

3.2.1　投资效率的概念界定

效率是指，消耗的劳动量与所获得的劳动效果的比率（《现代汉语辞海》[1]）；或者指单位时间内完成的工作量（《汉语大辞典》[2]）。中文词典中对于效率的定义是基于投入和产出视角，考虑的是投入后产生的回报或者结果。据此，企业投资效率可以定义为企业通过投资活动投入的金额与产出的成果之间的比率，即投资活动中投入产出的比例关系。

在经济学中，基于资源配置的视角，效率（efficiency）具有两方面含义：一是经济主体对资源有效分配的程度；二是经济主体对劳动时间有效配置的程度。如果经济主体的投入产出比越高，说明经济主体的资源越得到有效配置，其行为也越有效。对于资源配置效率的评价，经济学中有帕累托效率（Pareto efficiency）或者帕累托最优（Pareto optimality），反映了一种理想的资源分配状态。在可分配的资源及参与分配的人员固定的情况下，从一种资源分配状态到另一种资源分配状态的变化中，在没有使任何人境况变坏的前提下，不会使得至少一个人变得更好。换个角度说，如果经济主体能以最小的劳动时间完成任务或达到目标，也能说明经济主体的行为是有效的。其实，劳动时间也是一种资源，对劳动时间的配置，本质上也是对资源的配置。

本书主要研究企业的投资效率问题，是对企业投资行为的结果进行评价，投资行为是企业为了获得盈利及持续发展能力等而投放资金的过程，实质上是将企业的资金分配于不同的项目。提高投资效率的关键在于合理配置其资金，当资源配置最优时，也就实现了帕累托效率，此时的投资效率是最优的。

因此，本书主要是基于经济主体是否对资源进行有效配置来界定企业的投资效率，即企业的投资效率指，企业在投资过程中对资金的最优配置，也就是投资规模的适度性。如果公司的实际投资规模与适度的投资规模一致，则认为该公司的投资有效率，否则就是投资非效率。投资非效率包括投资过度和投资不足。

---

[1] 现代汉语辞海（最新修订版）[M]. 北京：中国书籍出版社，2011.
[2] 汉语大词典编纂处. 汉语大词典[M]. 上海：上海辞书出版社，2011.

3.2.2 创业板上市公司投资效率存在的问题

中国创业板创立仅有短短几年的时间,还是一个很年轻的资本市场。虽然对中国创业板上市公司投资效率方面的研究还很少,但潘立生和安培(2011)等采用不同的方法对投资效率进行测度,实证研究发现中国创业板上市公司的投资效率普遍存在问题。

潘立生和安培(2011)发现,中国创业板上市公司在 2008~2010 年的投资额呈上升趋势,借鉴沃格特(Vogt,1994)模型,通过投资与现金流敏感性关系,判定创业板上市公司存在投资不足,并进一步通过分组比较,低融资约束组的投资不足程度高于高融资约束组的投资不足程度。

方明等(2012)采用理查德森模型(Richardson,2006)用 153 家创业板上市公司 2008~2010 年共 459 个数据对企业投资效率进行了实证研究,发现以投资不足为主要表现的投资效率低下问题在中国创业板上市公司中比较普遍。实证结果表明,创业板上市公司的投资机会与现金流可以提升其投资效率,盈利能力和成长性两项指标会显著地导致投资不足的产生,而由于创业板上市公司财务杠杆利用程度不高、债务约束较小,债务对投资效率没有显著影响。马胜等(2014)也借鉴理查德森模型(2006)测算创业板上市公司投资效率,发现创业板上市公司中有 40% 的公司存在过度投资现象,而且过度投资金额占总资产的比例平均为 5.31%;有 60% 的公司面临投资不足,导致投资不足的资金缺口占总资产的比例平均为 3.53%。谢获宝等(2014)以 2010~2012 年创业板上市公司为样本,借鉴理查德森模型(2006)测度了创业板上市公司的投资效率,通过实证研究发现创业板上市公司 IPO 超募资金和公司过度投资及投资不足均有显著的正相关关系,IPO 超募导致创业板上市公司投资效率低下,同时,也表明创业板上市公司投资不足的产生不仅受资金约束的影响。

江新峰等(2014)利用基于生产可能集规模收益可变假定的 DEA

模型（BCC-DEA模型）测度创业板上市公司的投资效率，以创业板中制造业公司为样本进行实证研究，发现创业板制造业上市公司普遍存在投资效率不高的问题，且同年度、同行业内，不同企业的投资效率存在较大差异。彭佑元等（2016）认为，投资活动分为利润产生和价值产生两个阶段，运用网络DEA方法测算了创业板中科技创新公司的投资效率，发现这些公司普遍投资效率不高，并且在利润产生阶段，投资效率先降后升，而在价值产生阶段，投资效率逐年递增。

虽然现有文献对中国创业板上市公司产生非效率投资现象的原因并未形成统一结论，但相关学者的实证研究都验证了中国创业板上市公司普遍存在非效率投资，严重影响了创业板上市公司的投资效率，不利于这些公司的长远发展，同时，也对中国创业板市场的进一步健康发展产生了负面影响。

3.2.3 创业板上市公司投资效率问题的成因

由于大多数创业板上市公司处于成长期，企业规模较小、资本存量较低、技术风险和经营风险较高，同时面临较大的市场竞争压力。上市以后，来自投资者及证监部门的监管和市场信息披露要求等，对创业板上市公司的投资产生一定约束。大股东或者高管团队虽有将公司做大做强的强烈愿望和动机，并且面临上市后定期财务报告中业绩披露的压力，但寻求具有长期发展前景并符合公司发展战略的投资项目是一个漫长的过程。这导致公司可能将通过IPO或者增发所募集到的资金投资到一些热门且短期内能产生回报的项目，或者投放于会计回报率高但净现值却可能小于零的项目，从而产生投资过度现象。相应地，具有盈利空间但公司并不熟悉、擅长的领域或者拥有较好发展前景但效益产生周期较长的项目，却可能因为风险规避或高管团队短视等原因，而导致投资不足。

另外，由于创业板市场成立的时间较短，尚处于发展和完善的过程中，因此，市场上的交易成本相对较高。由于信息不对称问题，对创业板上市公司进行合理的资金募集造成了一定不利影响。当公司有良好的投资项目时，却无法通过创业板市场募集到相应的资金，这样，也会导致某些创业板上市公司发生投资不足的问题，影响这些创业板上市公司的长期稳定健康发展。

根据中外文文献的研究，可以将中国创业板上市公司投资效率不高、普遍存在非效率行为的原因大体归纳为两点：信息披露质量不佳和公司内部治理不完善。

3.2.3.1 信息披露质量不佳

信息不对称使企业面临融资困境，影响投资所需资金的筹集，从而影响投资效率；高质量的信息披露能让信息使用者充分了解公司的经营状况，缓解委托代理关系产生的委托方（"外部人"）与受托方（"内部人"）之间的代理问题及信息不对称问题。

上市公司信息披露的主要作用是向市场传递有效信息，提高资本市场的运作效率。信息披露是基于公开、公平、公正原则，目的是满足公司股东、投资者、债权人等相关信息使用者的知情权，让他们能在充分了解上市公司的经营成果、财务状况等信息之后作出科学合理的决策。信息披露可分为自愿性披露和强制性披露。强制性信息披露是指，上市公司根据相关法律、法规和章程的明确规定，必须要对相关信息使用者披露的信息，比如，公司的中期报告和年度报告，以及发布公司即将发生重大并购或重组信息的临时公告等。自愿性披露信息是指，上市公司在强制信息披露要求之外，基于公司形象、投资者关系等动机主动披露的信息，包括公司前瞻性预测信息、公司治理效果、环保信息等方面的内容。

中国创业板上市公司信息披露的现状，存在一定问题。深圳证券交易所每年均采用公司自评与交易所考评相结合的方式，对在该所上市公司的信息披露进行考核，考核的内容主要包括：（1）上市公司的信息披露是否满足真实、准确和完整，是否及时披露以及是否符合相关法律法规的规定等；（2）是否给予过上市公司处罚、处分及其他监管措施；（3）上市公司是否配合交易所开展信息披露工作；（4）上市公司信息披露事务管理情况；（5）其他由深圳证券交易所认定的情况。深圳证券交易所依据考核结果将上市公司信息披露质量从高到低划分为 A、B、C、D 四个等级。除了 A 级以外，其他三个等级均表明上市公司在信息披露工作方面存在瑕疵或者问题。① 创业板上市公司信息披露考核结果，如表 3.4 所示。

表 3.4　　　　创业板上市公司信息披露考核结果

年份	A 占比（%）	B 占比（%）	C 占比（%）	D 占比（%）	参评公司数（家）
2012	16.90	73.24	9.29	0.57	355
2013	22.54	70.42	6.48	0.56	355
2014	21.18	70.69	6.90	1.23	406
2016	18.25	71.05	8.60	2.10	570

资料来源：根据深圳证券交易所历年信息披露考核公示结果整理，2015 年数据缺失。

根据表 3.4 反映的创业板上市公司信息披露考核结果，中国创业板上市公司信息披露质量有待改进和提高。信息披露质量优秀（考核结果为 A）的公司，仅占 20% 左右。有 70% 左右公司的信息披露工作存在瑕疵（考核结果 B），比如，对信息披露文件进行补充或更正达到两次以上；被审计师出具非标准审计报告；未能及时披露定期报告；公司董、监、高以及控股股东和实际控制人未能积极配合公司信息披露工作考核等。有少数公司信息披露结果为 D，可能存在的问题有：被审计师出具否定意见或者无法表示意见；业绩预报与年度报告的盈亏性质不同且情节严重；会计差错更正导致盈亏性质不同且情节严重；受到中国证监会行政处罚、交易所公开谴责或三次以上通报批评等。②

创业板上市公司信息披露质量，可能导致两个影响企业融资的信息不对称问题。

一是创业板上市公司（借款人）与债务资金提供者（贷款人）之间的信息不对称问题，影响债务资金的筹集。因为信息不对称，贷款人为了获得风险补偿而将利率提高，不愿支付高额贷款利息的低风险借款人只能退出借贷市场，风险高的借款人因此最终获得贷款，产生"劣币

---

①② 深圳证券交易所．深圳证券交易所上市公司信息披露工作考核办法（2013 年修订），http：//www.szse.cn.

驱逐良币"现象，并最终推高了贷款人的风险。风险高的借款人为偿还高额的银行贷款利息，不得不将资金投向高风险的项目以追求高收益。低风险借款人因为不能获得融资而产生投资不足；而高风险借款人则可能产生投资过度。

二是创业板上市公司（发行人）与股权资金提供者（投资人）之间的信息不对称问题。创业板上市公司通过发行股票筹集资金；投资人基于对股票价值的判断，在一级市场上购买发行人 IPO 或者增发的股票。发行人非常清楚地了解自身的经营状况和财务状况、盈利能力和盈余质量等对股票质量有重大影响的信息；投资人只能通过招股说明书、公司公告和年度报告等发行人公开的资料获取信息。受发行人披露的信息质量的影响，投资者可能会做出错误判断。如果投资者认为发行人的股票价值被低估而竞相购买，推高股票的发行市盈率，导致发行人超募资金，并最终可能导致发行人投资过度；如果投资者认为发行人的股票价值被高估，迫使发行人调整发行价格，降低发行市盈率，导致发行人筹资不足，则可能使发行人因资金不足而投资不足。

3.2.3.2 公司治理机制不完善

公司治理是一种权利安排，是委托代理制下约束管理者的机制之一，包括外部机制和内部机制两个方面。公司治理的外部机制指，依靠公司外部的因素，比如，产品市场、经理人市场、公司并购市场以及注册会计师等独立市场中介，对公司的管理者进行监督和制约。公司治理的内部机制指，股东大会、董事会、监事会及管理层构成的公司治理结构，以及由薪酬、激励计划和内部审计制度等形成的内部监督、激励、约束和决策机制。

李维安等从 2003 年开始连续多年对中国上市公司的公司治理进行评价，评价指标体系包括股东治理、董事会治理、监事会治理、经理层治理、信息披露、利益相关者治理六个维度。从 2015 年的评价结果看，355 家创业板上市公司，最高分为 77 分，最低分为 21 分，平均值为

49.9 分，公司治理状况不容乐观。① 对比 2012～2015 年的数据，创业板上市公司四年内除了在激励机制建设方面有较明显的进步之外，公司治理并未得到明显改善。

内部控制是公司内部的自律机制，是公司治理的有机组成部分，是为了企业遵守相关法律法规、保证营运效果和效率、确保财务信息可靠，由企业董事会、管理层以及员工设计和执行的一种管理过程和管理要件。

完善的公司治理机制可以在最大程度上减少委托代理问题产生的影响，保证企业投资等决策的科学性、合理性、正确性，从而尽可能地减少非效率投资，提高企业的投资效率。此外，完善的公司治理机制还能够有效地缓解信息不对称问题，减少融资约束给企业带来的影响，使企业能比较顺利地获得投资所需要的资金，降低投资不足出现的概率。

有些创业板上市公司存在审计委员会和内部审计部门形同虚设等导致公司治理机制不完善、内部控制较弱，是中国创业板上市公司较普遍存在的问题。内部控制质量的统计信息，详见第 5 章表 5.3、表 5.4。因此，中国创业板上市公司无法充分发挥公司治理机制的效果，不能有效地对公司高管团队进行监督和约束，内部控制较弱也无法起到令高管团队自律的作用，从而无法缓解代理问题，以及由此产生的投资效率不高的问题。

3.3　中国创业板市场投资效率实证分析

根据第 2 章的文献综述，目前学术界关于企业投资效率的度量模型有很多种方式，至今没有统一的度量方法和度量指标。之前，学术界比较常用的度量企业非效率投资程度的经典研究模型，主要有法扎里等（1988）提出的投资—现金流敏感性模型（FHP 模型）和理查德森（2006）提出的残差度量模型。

---

① 李维安等. 2015 中国上市公司治理评价研究报告 [M]. 北京：商务印书馆，2016：256-270.

法扎里等（1988）认为，由于信息不对称和委托代理问题，相对于内部融资成本，高额的外部融资成本更容易造成公司面临融资约束。由于这种融资约束的存在，企业的投资活动对现金流产生依赖；相应地，企业的投资对现金流越依赖，则表明其面临的融资约束程度越高。当企业面临高融资约束时，可能会产生投资不足，另外，如果企业面临的融资约束程度低，在企业现金流很充足的情况下，企业可能会投资过度。因此，可以根据投资—现金流敏感性来判别是否存在非效率投资。

理查德森（2006）认为，企业投资额由预期投资额和超预期投资额两部分构成，超预期投资额则为非效率投资支出，如果能计算预期投资的金额，则实际投资额与预期投资额的差额即为超预期投资。因此，可构建一个企业预期投资额的回归模型，并将该模型的回归残差视为企业超预期投资额，根据超预期投资额的正负大小来判断企业投资不足或企业投资过度的程度。

为了分析中国创业板上市公司的投资效率，本书通过搜集创业板上市公司的财务数据，先借鉴法扎里等（1988）的投资—现金流敏感性判别模型判断创业板上市公司是否存在非效率投资，然后借鉴已被学术界广泛引用的理查德森（2006）的残差度量模型，通过回归残差来衡量创业板上市公司的投资效率。

3.3.1 样本选择与模型构建

本书选取深圳证券交易所创业板市场上市公司2009～2015年的数据为初始样本，剔除数据缺失的样本，最后得到415家公司共1698个非平衡面板数据。

本书数据来自锐思（RESSET）数据库和国泰安（CSMAR）数据库。数据统计分析、模型参数求解，通过EViews 6.0软件实现。

首先，借鉴法扎里等（1988）的投资—现金流敏感性判别模型，对中国创业板上市公司非效率投资的存在性进行检验。法扎里等（1988）最先从融资的角度研究了企业内部现金流与投资之间的关系。

他们使用股利支付率作为代理变量来度量信息不对称程度，理论研究和实证分析结果都表明，企业的信息不对称程度越高，外部融资成本相较于内部融资就越高，因而企业投资对内部现金流的变动就越敏感，从而进一步证明，企业在遭遇融资约束时往往会出现投资不足。因此，可以用投资—现金流敏感性来判别投资是否适当（有效率），模型建立如下：

$$\text{INV}_{i,t} = \alpha_0 + \alpha_1 Q_{i,t} + \alpha_2 \text{CF}_{i,t} + \varepsilon_{i,t} \qquad (3-1)$$

在式（3-1）中，$\text{INV}_{i,t}$表示i企业在t时刻的投资水平，Q（托宾Q）表示投资机会，CF表示经营活动的净现金流量，具体定义及度量方式，见表3.5。

其次，本书借鉴理查德森（2006）的资本投资模型来构建企业投资效率测度模型。理查德森（2006）的资本投资模型是大量中文文献研究投资效率问题时采用的主要模型。理查德森（2006）指出，公司的总投资额度包括，维持现有生产能力的投资支出和进行新项目投资的投资支出两部分。而新增投资支出部分又包括，公司预期的投资支出和非正常的投资支出，其中，公司预期的投资支出，与企业面临的投资机会、公司规模、杠杆利用程度、现金持有量、市场增长情况等因素相关。

因而，先根据影响企业投资规模的资源因素建立模型，然后，利用模型估算出期望投资额（最优投资额），通过比较企业的实际资本投资额与其期望投资额的差额来估算投资效率（企业偏离最优投资额的程度）。当该差额为正即实际投资额大于期望投资额时称为投资过度，直接以该差额作为投资过度的衡量指标，且该值越大表示投资过度越严重，表明投资效率越小；当该差额为负，即实际投资额小于期望投资额时称为投资不足，则取该比值的绝对值作为投资不足的衡量指标，且该比值的绝对值越大表示投资不足越严重，也表明投资效率越小。理查德森（2006）的资本投资支出模型如式（3-2）所示：

$$\begin{aligned}\text{INV}_{i,t} = {} & \alpha_0 + \alpha_1 Q_{i,t-1} + \alpha_2 \text{CASH}_{i,t-1} + \alpha_3 \text{LEV}_{i,t-1} + \alpha_4 \text{SIZE}_{i,t-1} \\ & + \alpha_5 \text{AGE}_{i,t-1} + \alpha_6 \text{INV}_{i,t-1} + \alpha_7 \text{RET}_{i,t-1} + \mu_{i,t}\end{aligned} \qquad (3-2)$$

式（3-2）中的被解释变量是企业当年新增投资额，将模型中残差

μ 视为投资效率指标。若模型估计的残差（$\mu_{i,t}$的估计值）大于零即为投资过度，残差小于零为投资不足。残差越接近于零，表明企业处于有效投资状态。反之，残差绝对值越大，则非效率投资越严重。具体变量定义及度量，如表 3.5 所示。

表 3.5　　　　　　　　投资效率相关变量名称及定义

变量名	度量方式	符号表示
投资水平	（构建固定资产、无形资产和长期资产所支付的现金 - 处置固定资产、无形资产和长期资产所收回的现金）/期初资产总额	INV
投资机会	托宾 Q 值	Q
资产负债率	负债总额/资产总额	LEV
现金持有量	现金及现金等价物/资产总额	CASH
经营活动现金净流量	经营活动现金净流量/资产总额	CF
上市年限	企业上市年龄，上市当年为 0	AGE
企业规模	总资产取自然对数	SIZE
股票收益率	考虑现金红利再投资的股票年收益率	RET

相关变量的描述性统计，见表 3.6。大部分变量的均值与中位数基本差距不大，分布上趋于正态，总体比较平稳。企业投资活动现金流出量占资产总额的均值为 0.141，中位数为 0.098，表明创业板上市公司整体投资水平较低；经营活动现金净流量均值为 0.033，中位数为 0.033，表明中国创业板上市公司总体呈盈利状态，但盈利较少，最小值为负数，表明部分企业现在处于亏损状态，最大值为 0.454，符合创业板上市公司高收益的特点，但拥有极高收益的公司仅为少数。现金持有量关系到上市公司的投资规模，现金持有量均值为 0.3，中位数为 0.28，是投资水平的 2 倍以上。这表明各个上市公司在投资方面较为谨慎。投资水平、现金持有量、经营活动现金净流量这三个变量的标准差在 0.07 ~ 0.19 之间，表明各上市公司之间在这三个方面的差异性程度非常低，波动不大。本书用总资产的自然对数表示公司规模指标，该指标各项数据变化不大，均值为 20.97，中位数为 20.91，最大值为 23.61，最小值为 19.54，表明中国大部分创业板上市公司的发展规模较为稳定。

表 3.6　　　　　　　　　变量描述性统计

变量	均值	中位数	最大值	最小值	标准差
INV	0.141	0.098	2.523	0.002	0.164
CF	0.033	0.033	0.454	-0.354	0.072
CASH	0.302	0.267	0.923	0.009	0.194
SIZE	20.977	20.908	23.608	19.544	0.629
LEV	23.865	20.432	88.643	1.105	15.460
RET	0.281	0.167	4.027	-0.715	0.640
AGE	2.386	2.000	6.000	1.000	1.290
Q	3.483	2.807	38.685	1.082	2.368

资料来源：根据锐思（RESSET）数据库和国泰安（CSMAR）数据库中2009~2015年中国创业板上市公司的数据统计而得。

在前期数据处理的基础上，依然存在少量极端的样本值对模型的影响。比如，股票收益率，最大值为402.66%，最小值为-71.54%，而且均值28.12%与中位数16.67%均低于50%。这说明，中国创业板上市公司股票收益的整体水平较为低下；Q（投资机会）指标，最大值为38.685，最小值为1.082，相差也比较悬殊。因此，为保证本书结论的稳健性得到大部分样本的支持，在后续的回归分析中，我们对这些变量均进行了双侧0.5%的Winsorize处理。

3.3.2　非效率投资存在性的判别检验

由于2009~2015年，创业板市场每年上市公司的数量都在逐渐增加，因此，本书选取的样本数据为非平衡的面板数据。其一，采用随机效应模型对式（3-1）进行回归估计，并进行 Hausman 检验，检验统计量为48.653，伴随概率为0，因此，建立固定效应模型；其二，对式（3-1）进行回归，回归结果如表3.7所示。

表 3.7　　　　　　　　式（3-1）回归结果

变量	系数	标准差	T统计量	P值
C	0.13638	0.00678	20.11181	0.00000
CF	0.12130	0.06606	1.83599	0.06650
Q	0.00279	0.00137	2.03616	0.04190

表 3.7 的回归结果表明，现金流以及投资机会对投资水平的影响均显著成立，表明中国创业板上市公司的投资水平对现金流非常敏感，随着现金流及投资水平的波动而波动。根据法扎里等（1988）的研究，这一结果表明，中国创业板上市公司存在非效率投资，投资效率不高。

为度量中国创业板上市公司的投资效率，本书利用 EViews 6.0 软件对 421 家创业板上市公司 2009~2015 年共 1697 个样本进行研究，对投资效率模型式（3-2）进行回归。由于采用随机效应模型和固定效应模型进行普通最小二乘法回归，都无法令模型中所有的指标通过显著性检验，因此，以估计的截面残差的方差为权重，对模型进行广义最小二乘法回归，回归结果如表 3.8 所示。

表 3.8　　　　　式（3-2）的回归结果

变量	回归系数	标准差	T 统计量	P 值
C	-0.010	0.049	-0.212	0.832
INV_{t-1}	0.296	0.016	18.570	0.000
$CASH_{t-1}$	-0.155	0.009	-17.611	0.000
LEV_{t-1}	-0.001	0.000	-5.807	0.000
Q_{t-1}	0.003	0.001	6.268	0.000
RET_{t-1}	0.0004	0.000	2.841	0.005
AGE_{t-1}	-0.006	0.001	-6.019	0.000
$SIZE_{t-1}$	0.006	0.002	2.621	0.009
R^2	0.426		调整后的 R^2	0.423
F 统计量	178.973		P 值（F 统计量）	0.000

表 3.8 中回归的被解释变量是第 t 年公司的新增投资支出，回归分析的目的是为了获得样本公司各年度实际新增投资支出与当年度期望新增投资支出之间的差额，以此来判断样本公司该年度的投资支出是投资过度还是投资不足。

进一步观察投资效率度量模型式（3-2）的回归结果发现，第 t 年公司实际新增投资水平与第 t-1 年公司新增投资水平在 1% 水平上显著正相关。这说明，中国创业板上市公司新增投资支出在很大程度上受到上一年度公司新增投资支出的影响，上一年新增投资支出越高，本年的新增投资支出也越高，呈良性增长态势；第 t 年公司新增投资支出与上一年投资机会正相关,且在1%水平上显著通过。这说明公司成长机会越多,成长性水平越高,公司的新增投资支出就会越多,投资水平逐年提高。第 t 年公司新增投资支出与公司规模在1%水平上正相关,表明中国创业板上市公司的资产规模越大,其新增投资支出也将得到提高;第 t 年公司新增投资支出与股票收益率在1%水平上正相关,说明中国创业板上市公司经营业绩的提升会带动其新增投资支出。此外,第 t 年公司新增投资支出与资产负债率在1%水平上负相关,表明负债的增加会抑制中国创业板上市公司的新增投资支出。第 t 年公司新增投资支出与上一年上市年限在1%水平上负相关,说明创业板上市公司随着公司经营年限的增加,更趋向于稳定发展。

本书的研究结果与现有文献的研究结论基本一致,模型的拟合度(R^2 和调整后的 R^2)均达到了43%,表明模型用于估计样本公司新增投资支出的准确性较高,上述结果有效,可以用来检验创业板上市公司的投资效率。同时也说明,本书的数据基础和模型选用是恰当合理的。

3.3.3 投资效率测度结果分析

式(3-2)的回归残差即为各公司、各年度的投资过度或投资不足,反映投资效率的高低。对回归残差(非效率投资)分年度的描述性统计,如表3.9所示。

表 3.9　　　　　　　非效率投资分年度描述性统计

	总样本	2010年	2011年	2012年	2013年	2014年	2015年
均值	0.016	0.006	-0.002	0.026	0.029	0.020	0.002
中位值	-0.007	-0.021	-0.014	0.006	0.001	-0.005	-0.021
最大值	2.277	1.253	0.530	0.584	2.033	2.277	1.384
最小值	-0.724	-0.296	-0.220	-0.686	-0.483	-0.660	-0.724
标准差	0.150	0.185	0.092	0.114	0.152	0.173	0.162
样本数量	1697	59	189	297	358	379	415

资料来源:作者根据式(3-2)的回归结果统计而得。

表3.9描述了中国创业板上市公司总体样本以及分不同年度的投资效率（非效率投资）水平。通过T检验，发现总样本和每个年度的样本均在5%的显著水平上拒绝了完美效率（E=0）的原假设。由于总样本的均值大于0，根据分年度的描述性统计，只有2011年均值小于0，表现为投资不足之外，其余年度均投资过度，表明中国创业板上市公司总体上呈现为投资过度。各个年度的投资效率水平标准差均小于0.2，说明不同创业板上市公司之间的差异性不是非常显著。

根据表3.10所示，华北地区的创业板上市公司非效率投资的均值为负，表现为投资不足；华东地区、华南地区和其他地区的创业板上市公司非效率投资的均值均大于0，总体表现为投资过度。其中，华南地区的中位数也大于0，表明该地区的投资过度现象比其余地区更严重。

表3.10　　　　　　　　　非效率投资按地区描述性统计

	均值	中位数	最大值	最小值	标准差	样本数（家）
华北地区	-0.002	-0.011	0.584	-0.724	0.108	329
华东地区	0.023	-0.005	2.033	-0.686	0.160	662
华南地区	0.021	0.001	1.384	-0.660	0.146	373
其他地区	0.006	-0.013	0.760	-0.315	0.111	333

资料来源：作者根据式（3-2）的回归结果统计而得。

为进一步分析中国创业板上市公司的投资效率情况，本书根据回归模型（3-2）的残差符号，对全部样本上市公司的投资过度和投资不足情况进行了划分。表3.11描述了投资过度组和投资不足组的投资效率情况，投资过度组以及投资不足组在5%的显著水平上拒绝了完美效率的原假设，表明投资效率的波动性很难稳定在最佳投资效率水平。从样本数量来看，投资不足组数量比投资过度组多171个样本，表明中国创业板上市公司中更多的公司存在投资不足的问题，需增加投资支出来提升投资效率。从均值来看，投资过度组均值为投资不足组均值绝对值的两倍，表明中国创业板上市公司投资过度组虽然数量少一些，但其非效率投资程度要比投资不足组的非效率投资程度更严重。

表 3.11　　　　　　　投资效率分组描述性统计

	均值	中位值	最大值	最小值	标准差	样本数量（家）
投资过度组	0.106	0.052	2.277	0.000	0.176	763
投资不足组	-0.056	-0.043	-0.000	-0.724	0.063	934

注：以回归残差值0为分界点，回归残差大于0归为投资过度组，小于0归为投资不足组。
资料来源：作者根据式（3-2）的回归结果统计而得。

表 3.12 反映了不同年度的投资过度和投资不足的统计信息。与表 3.11 体现的总体情况类似，分年度统计的结果，各年的投资过度组的均值也大致在投资不足组均值绝对值的两倍左右，说明投资过度组的非效率投资要比投资不足组的非效率投资更严重。除了 2012 年和 2013 年以外，其他年度中投资过度组的样本数均小于投资不足组的样本数，反映出在这几个年度中，更多的公司出现了投资不足的问题。

表 3.12　　　　　非效率投资分组分年度描述性统计

		2010年	2011年	2012年	2013年	2014年	2015年
投资过度组	均值	0.126	0.081	0.087	0.101	0.094	0.126
	中位数	0.039	0.044	0.050	0.056	0.047	0.062
	最大值	1.253	0.530	0.584	2.033	1.070	1.384
	最小值	0.005	0.001	0.000	0.000	0.000	0.000
	标准差	0.276	0.108	0.108	0.180	0.142	0.186
	样本数	21	65	163	183	173	158
投资不足组	均值	-0.054	-0.045	-0.050	-0.044	-0.053	-0.075
	中位数	-0.041	-0.036	-0.036	-0.037	-0.044	-0.059
	最大值	-0.003	0.000	0.000	0.000	0.000	0.000
	最小值	-0.296	-0.220	-0.686	-0.271	-0.660	-0.724
	标准差	0.053	0.039	0.069	0.038	0.060	0.076
	样本数	38	124	134	175	206	257

资料来源：作者根据式（3-2）的回归结果分组整理统计而得。

对创业板上市公司非效率投资分组后按地区进行统计的情况，如表 3.13 所示。在表 3.13 中，除了华南地区投资过度的样本数比投资不足的样本数多了 3 个之外，其余地区投资过度的样本数均远远小于投资不足的样本数，同样从数量上反映了这些地区创业板上市公司投资不足的现象要比投资过度多见。同时，以均值反映非效率投资程度的话，每个地区的投资过度的非效率投资程度要比投资不足严重。另外，不同地区创业板上市公司投资不足的均值都比较接近，说明不同地区的投资不足程度差不多。而投资过度的均值差异比较大，其中，华北地区投资过度的均值最小，反映出这个地区创业板上市公司投资过度的程度相对轻一点。

表3.13　　　　　　非效率投资分组分地区描述性统计

		均值	中位数	最大值	最小值	标准差	样本数（家）
投资过度组	华北地区	0.082	0.043	0.584	0.000	0.102	132
	华东地区	0.114	0.054	2.033	0.000	0.191	307
	华南地区	0.098	0.051	1.384	0.000	0.157	188
	其他地区	0.093	0.053	0.760	0.000	0.116	136
投资不足组	华北地区	-0.058	-0.045	0.000	-0.724	0.067	196
	华东地区	-0.055	-0.044	0.000	-0.686	0.057	357
	华南地区	-0.058	-0.041	0.000	-0.660	0.074	185
	其他地区	-0.054	-0.041	-0.001	-0.315	0.050	196

资料来源：作者根据式（3-2）的回归结果分组整理统计而得。

模型（3-2）的残差序列图，如图3.1所示。投资效率和期望投资效率值的偏离，显而易见。我们同时用单位根检验也对残差序列做了稳定性检验，见表3.14，从各稳健性检验值来看，样本的非稳定性表现显著，再次说明了样本企业显著的非效率投资现象。

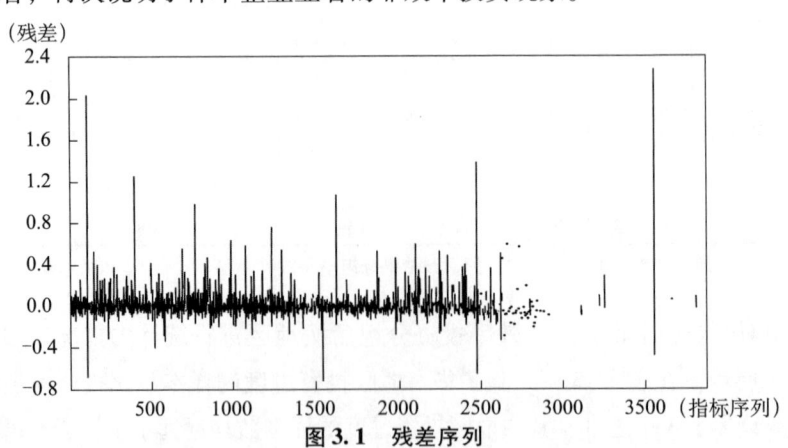

图3.1　残差序列

资料来源：作者根据式（3-2）的回归结果分组整理统计而得。

表 3.14　　　　　　　　　残差序列稳定性检验

方法	统计量	P值	交叉值	样本量
原假设：单位根存在（联合单位根过程）				
Levin, Lin & Chut*	-112.96	0.00	295	1132
原假设：单位根存在（独立单位根过程）				
Im, Pesaran and Shin W - stat	-32.76	0.00	188	811
ADF - Fisher Chi - square	1045.18	0.00	295	1132
PP - Fisher Chi - square	1217.05	0.00	295	1132

3.3.4　投资效率的稳健性检验

模型（3-1）和模型（3-2）表明，中国创业板上市公司确实普遍存在非效率投资，投资效率不高。为了进一步对非效率投资的存在性进行验证，本书引入穆勒和里尔登（Mueller and Reardon，1993）的边际投资效率测算模型。区别于基于投资规模角度的模型（3-1）和模型（3-2），该模型从边际投入的角度，根据投入产出关系分析边际投入与边际收益的关系，来判断投资不足还是投资过度。根据边际投入递减假设，在设定的投资规模水平，如果边际投入大于边际收益，边际投资报酬率小于1，表明新增收益已经无法弥补追加的投入，存在投资过度，投资效率降低；如果边际投入小于边际收益，边际投资报酬率大于1，表明继续追加投资将能为企业贡献更多的收益，此时表现为投资不足，投资效率同样低下。因此，穆勒和里尔登（1993）的边际投资效率测算模型，就是边际投资报酬率测算模型。具体思路如下：

若某企业 t 期投资 Inv_t 能够实现投资回报率 r_t，稳定赚取投资收益。i_t 是该企业的折现率，也可以理解为投资成本。那么，投资的现值 PV_t 为：

$$PV_t = INV_t \times r_t / i_t \qquad (3-3)$$

截至 t 期末，企业的市场估值 MV_t：主要由三部分构成，期初的市场价值 MV_{t-1} 加上本期投资现值 PV_t 减去期初的资产折旧额（折旧率为 δ_t），再加上市场对企业实际价值的评估误差（μ_t），则该企业的市值表达为：

$$MV_t = MV_{t-1} + PV_t - \delta_t \times MV_{t-1} + \mu_t \quad (3-4)$$

移项并替换后变为：

$$\frac{(MV_t - MV_{t-1})}{MV_{t-1}} = -\delta_t + \frac{r_t}{i_t} \times \frac{INV_t}{MV_{t-1}} + \frac{\mu_t}{MV_{t-1}}$$

进一步变形得到模型（3-5）：

$$\Delta MV = \beta_0 + \beta_1 \times INV + \mu \quad (3-5)$$

在式（3-5）中，ΔMV 表示年度净资产市值变动率；Inv 表示当期新增资本投资，与式（3-2）中一致，根据（现金流量表中本期购建固定资产、无形资产以及其他长期资产支付的现金 - 处置固定资产、无形资产和其他长期资产所收回的现金）/期末普通股股数计算；β_1 表示投资回报率"r_t"与投资成本"i_t"的比率，可以定义为边际投资效率，作为投资效率的计量指标。当$\beta_1 < 1$时，边际投资收益小于边际投资成本，表明存在投资不足；当$\beta_1 > 1$时，边际投资收益大于边际投资成本，表明存在投资过度；当β_1接近于1时，边际投资收益接近于边际投资成本，此时投资效率水平高。

利用 EViews 6.0，将本章的样本数据代入式（3-5）进行回归，回归结果如表 3.15 所示。

表 3.15 穆勒和里尔登（Mueller and Reardon）投资效率模型分析结果

	系数	标准差	T检验	显著性水平
INV	1.091 285	0.429 422	2.541 288	0.021 1
行业	控制	控制	控制	控制
调整的 R^2	0.027 7	F 值	53.288 1	0.021 88
样本观测个数	1 543			

从表 3.15 可以看出，INV 的系数为 1.091285，略大于1，这说明在观测期内创业板上市公司的边际投资效率略大于1，表现为投资过度，投资效率较低。这与模型（3-2）的分析结果基本一致，验证了前文对创业板上市公司投资效率不高，总体表现为投资过度的结论。

由于模型（3-5）只能获得一个 $β_1$ 的回归系数，无法分公司、分年度获取多个 $β_1$，因此，无法借助模型（3-5）测度某家公司在某一年的投资效率情况。本书在后续的研究中，均使用模型（3-2）的回归残差结果来度量投资效率。

3.4 本章小节

本章对中国创业板上市公司的投资效率进行了研究。

首先，本书对企业投资效率做了概念界定，通过相关文献的梳理，发现中国创业板上市公司存在非效率投资现象，投资效率偏低，并将引起非效率投资的原因大致归纳为信息披露质量不高和公司治理不完善两个方面。

其次，以创业板上市公司2009~2015年的数据为样本，借鉴法扎里等（1988）的投资—现金流敏感性判别模型，验证了创业板上市公司投资与内部现金流之间具有敏感性关系，表明确实存在投资过度或者投资不足的可能。然后，借鉴理查德森（2006）模型，测算了创业板上市公司的投资效率，发现创业板上市公司普遍存在非效率投资，投资不足的样本数大于投资过度的样本数，但投资过度组的均值是投资不足组的两倍左右。另外，在不同年度和不同地区，创业板上市公司的投资效率表现存在差异。

最后，利用穆勒和里尔登（1993）模型，对创业板上市公司投资效率做了稳健性检验。

本章对创业板上市公司投资效率的研究，为后续章节的研究做好了铺垫，提供了基础数据。

第4章 高管团队人力资本对投资效率的影响

高管团队在公司的作用、能力对投资效率的影响,一直以来都是学术界及实业界争论及热议的焦点。本章重点考察高管团队人力资本是否以及如何影响投资效率。作为企业实际控制者的企业高管团队,其整体的人力资本作用可以发挥出极高的社会效益及经济效益。因此,管理层团队的人力资本如何发挥作用,改善企业的投资行为,提高投资效率,对企业的良性健康成长至关重要。

4.1 高管团队人力资本的界定及测度方法

4.1.1 高管团队的概念界定

20世纪70年代,有文献正式提出高管团队(top management team,TMT)这一概念,至今已将近40年,高管团队被定义为企业运作的中心枢纽,高级管理层通过制定企业的管理决策并执行,为企业创造价值。只是最早研究者对高管团队的研究只偏重企业的最高领导者——CEO一人(Murphy,1999),这是因为CEO一直被认为是一个企业得以健康、稳定运营的最关键人物,而对于领导层的考察自然主要围绕最关键人物展开。但随着企业管理理论及资源依赖理论在学术界及实际应用中的不断发展,高管团队的作用日益凸显,至今已经成为企业的核心竞争力，高管团队的作用在一定程度上超越了基层管理团队和 CEO 个人，近年来，也引发了学者们越来越多的关注。

20 世纪 90 年代中期，由于研究的需要，学界需要给予高管团队一个较清晰的定义。于是，史密斯等（Smith et al., 1994）首次较为正式地提出高管团队的概念，高管团队由企业的最高层管理人员组成，主要制定企业重要的战略管理规划并监督执行，同时，承担组织内外的协调沟通，是企业经营管理的最高决策层。

高管团队的特征，还表现在和一般的企业工作团队相比，需要具备区别性的显著特征。首先，决策性是其核心关键功能，高管团队需对企业做出的重要决定负首要责任；其次，是合作性，特别是在当今竞争激烈、信息丰富、日新月异的市场背景下与企业的各个关联方保持有效及良好互动的合作；最后，高管团队还要具备迅速反应的能力，在第一时间处理企业运营过程中发生的问题，并高效解决。

我们将文献中具有代表性的高管团队定义总结如下：芬克斯坦和罕布瑞克（Finkelstein and Hambrick, 1996）提出，高管团队是位于企业最高战略制定与执行层面的高级管理群体，负责整个企业内外的协调与组织，是企业的最高决策与控制中心。李和叶（Li and Ye, 1999）认为，高管团队为企业的高级经理们，是企业各个核心管理部门，如财务部门、市场部门和人事部门的一把手们。奈特等（Knight et al., 1999）则认为，对于企业的重要经营战略决策能够参与并起到一定程度的影响能力的企业内部人群，即可定义为企业的高管团队。

近年来，中文文献对高管团队的研究日益丰富，它们结合中国的实际情况以及参考外文文献的研究，也给出了相对翔实和具体的定义。孙海法等（2006）认为，一个企业的高管团队主要由以下人员构成，董事长、CEO、CEO 的副手，各职能部门的一把手。在 2005 年发布修订的《中华人民共和国公司法》中对高级管理人员进行了界定，很多学者将此视为一个企业高管团队的基本构成，即，企业的总经理、副总经理、财务负责人及上市公司董事会秘书和公司章程规定的其他人员。当然，近年来，学界对于过度重视"高管团队"这一提法也存在一定争议，过分强调高管团队所扮演的人力资本作用显然是有偏颇的，企业管理层中的中层管理者和基层管理者的作用同样应该得到重视（陈伟民，2006）。

本书结合中外文文献对高管团队的定义，认为高管团队是制定并执行企业发展战略、组织协调企业各部门和各业务层次开展生产经营活动，并在经营管理过程中具有决策和控制权的相关人员组成的团体。根据样本企业实际披露的年报信息中的相关人员构成，选取的高管团队人员为：董事长、副董事长、董事会秘书、董事会主席、监事会主席、总经理、副总经理、财务总监、监事、审计部负责人、核心技术人员、证券事务代表、总工程师、总经理助理、总会计师、工会主席等高级管理人员。

4.1.2 高管团队人力资本的概念

根据舒尔茨以及贝克尔的人力资本理论，人力资本是指，劳动者接受教育、培训等方面的支出以及因此发生的机会成本的总和，是劳动者具备的各种生产知识、劳动技能、管理能力、健康素质以及劳动时间等。阿尔钦和德姆塞茨（Alchian and Deynseta，1972）提出，企业实质上就是一个人力资本团队，从企业的角度来说，企业中个人的能力可以通过企业员工创造价值的能力、解决问题的能力和领导层管理能力来体现。个人能力是构成"人力资产"的主要因素，其价值就是人力资本，因此，企业人力资本的定义可以概括为"企业个人的技能、经验、创新和企业文化、管理规章制度、价值观的综合"。2001年，国际经合组织（OECD）将人力资本定义为个人拥有的且能为个人、社会和经济创造福祉的知识技能素质（OECD，2001）。

结合上述三种观点，本书认为，高管团队人力资本是指，体现在高管团队成员身上的资本，是高管团队成员因为教育和培训等而具备的各种知识、经验和能力。人力资本是企业的核心要素之一，高管团队人力资本是企业人力资本中的重要组成部分。

4.1.3　高管团队人力资本的测度

人力资本对经济发展和科技创新的重要作用已经被普遍接受，但是由于人力资本区别于物质资本的独特性，以及数据的收集整理非常繁杂，导致对于人力资本的测度一直是学术界的难点。

在经济学的研究方面，外文文献借鉴物质资本的成本和现值等计量方法，通过成本法或者未来终身收入的现值（Jorgenson and Fraumeni，1989）来测量国家或者区域的人力资本。此外，还有文献通过特征（接受教育程度）来测度人力资本（Gibson and Oxley，2005）。中文文献基于总投资（成本）（张帆，2000）、收入（朱平芳，徐大丰，2007）以及平均受教育年限或总体教育水平等局部特征（胡永远，2005）等，对中国人力资本进行了测度。2012~2016年，李海峥等借鉴J-F收入法对中国的人力资本进行评价，并从2012年开始每年对外发布《中国人力资本报告》。

由于人力资本的成本和收入的相关数据难以获取，对于企业人力资本的测量，一般采用特征法。同时，因为传统意义上体现人力资本的知识、能力、价值观和洞察力等特征很难直接被观测到，而人口统计特征相关要素容易被观测，企业人力资本的测量一般采用人口统计特征。通过人口统计特征，从年龄、受教育程度、性别、社会背景等方面反映人力资本中的才能、技艺和知识等，从而测度人力资本（朱焱，2013；卢馨等，2017）。舒尔茨认为，人力资本除了具备物质资本的同质性之外，还具有异质性。他从量和质两个角度对人力资本进行界定，量的方面，社会人力资本指，社会工作中劳动者的劳动时间和参与人数；质的方面，社会人力资本指，劳动者掌握的知识水平、技术水平、对技巧的熟练程度等影响工作能力的因素。劳动者之间人力资本的量和质均可能存在差异，劳动者在不同时期或者不同阶段，其人力资本也可能因为接受了新的教育或者训练之后，发生量和质的变化。

因此，本书结合相关文献，以高管团队成员的年龄、受教育程度、任职年限和职称四个人口统计特征,来反映存在于高管团队人力资本中的学识、专业经验和职业能力、社会关系以及职业声誉等方面的价值存量,这些价值体现了高管团队解决问题或制定战略决策的能力。结合舒尔茨的人力资本理论,从上述四个维度的平均值和异质性两个方面对高管团队人力资本的强度和广度进行测度。

4.2 高管团队人力资本对投资效率影响的机理分析

4.2.1 高管团队人力资本对投资效率影响的理论基础

4.2.1.1 人力资本理论

人力资本理论无论是对现代管理学还是经济学,都是学者们和企业经营者非常关注的领域。人力资本理论的创始人西奥多·W. 舒尔茨(Theodore W. Schultz)因为在人力资本领域的卓著贡献,于1979年获得了诺贝尔经济学奖。人力资本竞争被现代企业日益重视,企业之间核心竞争力的关键渐渐演变为人力资本的竞争。人力资本提升,对于企业成长起到了至关重要的作用。学界将关于人力资本的理论主要分为两大领域:人力资本增长论和人力资本产权论。

人力资本增长论从字面上其实很难直接获取其真正含义,但经济增长论的相关研究已颇为深广。人力资本的作用,最早也是通过渗入经济增长模型而体现的。例如,美国经济学家肯尼斯·J. 阿罗(Kenneth J. Arrow)提出的著名的"干中学"理论,在强调技术和知识对经济增长作用的同时,指出人力资本水平的高低对经济增长也有重要影响。人力资本可作为一个单独要素被列入经济增长模型(Lucas, 1998),并考察它的主要作用。在微观层面,人力资本可以看作是企业的一种重要投资,主要表现为企业组成员工的受教育程度、技能水平等,通过人力资本的提升,企业可获得生产力的提升,从而促进经济增长。

人力资本产权论的贡献,主要来自中文文献。周其仁(1996)、杨瑞龙（1997）在研究中将人力资本作为企业的产权进行认定和规定。将企业定义为人力资本所有者和物质资本所有者按照一定的契约组成的组织，在这个组织中，人力资本与物质资本都在发挥各自不同的作用，都是企业获取业绩和发展壮大的重要因素。人力资本产权论这一提法，在丰富人力资本理论的同时，也扩展了企业的产权理论。

根据人力资本理论，无论是从人力资本增长论的视角，还是从人力资本产权论的视角，人力资本都是企业重要的资源，是促进企业发展的重要因素。人力资本这一概念针对企业的所有员工，高管团队是这些人群中处于管理地位且有决策权的一部分，因此，高管团队人力资本是企业人力资本重要的构成部分。通过高管团队成员能力、知识技术教育、管理能力和团队功能的体现等，使人力资本在企业中的作用得以充分发挥。基于人力资本理论以及企业资源观和能力观，高管团队人力资本不仅是知识和经验、社会资源、经营管理能力等的综合体，更由于其稀缺性、独特性、不可替代性及不可复制性等特点，使其成为企业的重要战略稀缺资源。

4.2.1.2 高阶理论

社会学领域组织行为学家马库斯和普费弗（Markus and Pfeffer, 1983）主张，利用人口特征来对具有群组行为的人力资本问题进行讨论。社会学中的公共关系理论在讲到人际关系时，有"相似相吸"的原理，一个因为工作和生活的原因相对联系紧密的人群组织，在共同工作或生活一段时间后，会具备某些相似特征，从而形成群体特定特征。马库斯和普费弗（Markus and Pfeffer, 1983）的理论，为高阶理论奠定了基础。罕布瑞克和梅森（Hambrick and Mason, 1984）在此基础上进行了拓展，从企业人力资本研究的角度提出了近些年来较具影响力的高阶理论，并且，此后该理论也经历了多次修正。

高阶理论的前提基础，是公司良好的运作需要高管团队共同的智慧和合作。该理论将关注人群主要设定为企业的高管，通过研究高管群体的各种特征来说明企业的经营情况及运营情况。高管团队的背景特征、管理能力和沟通协作能力，对企业的经济效益、健康运行影响显著。高管团队中涉及人的各个特征因素互相影响，形成各种交叉影响力，从而通过团队合力功能影响企业运行。高阶理论主要包含以下两层含义：一是高管团队成员个体的心理认知影响企业的各项管理及战略决策；二是高管团队人口背景特征、形成的群体性特征会在一定程度上影响团队成员的心理结构。自从高阶理论被提出后，学术界对高管的研究重点就逐渐从针对个体转变为针对整个高管团队。

高管团队是制定并执行企业发展战略、组织协调企业各部门和各业务层次开展生产经营活动，并在经营管理过程中具有决策权和控制权的相关人员组成的团体。稳定且高效的高管团队是一种宝贵资源，是企业形成并保持持续核心竞争优势的重要基础，高管团队的合理配置及其作用的发挥关系到企业稳定、健康及可持续发展。作为一个整体，高管团队具有以下特点。

1. 高管团队的行为整合

高管团队与企业的战略选择或行为决策间具有密切的联系。高管团队的组建需要考虑团队成员的结构、团队构成的过程、团队个体的心理及背景特征，以及对整个团队的激励因素等。其中，高管的人口统计特征和职权结构表现的合理组合，包含年龄、教育背景、职称和专业背景、行业经历等，是理想的高管团队形成的关键。高管团队人力资本主要通过决策、领导、协作与沟通等发挥作用。行为整合强调团队的集体力量、集体决策和集体功能。一个运作有效的高管团队的合力作用会超出个体成员各方面能力的简单加总，这一概念主要是区别传统的领导力理论，从团队功能的角度解读领导力。高管团队人力资本的"行为整合"，既包括团队构成的重要组织变量及环境变量，也包括与组织行为紧密相关的高管团队特征变量。

2. 高管团队的同质性与异质性

与舒尔茨认为人力资本具有同质性和异质性相似，高阶理论认为，高管团队具有同质性和异质性两种特性。同质性是指，若团队成员的各种行为特征、行业经历、教育背景越相似，则团队成员越有可能在企业经营、管理及战略安排上形成相同的共识，合作也更为顺畅，越能够形成凝聚力，心理感受上表现为"相互吸引""似曾相识"等感觉，所以，从心理感知表现出较为统一的认同感，那么，在企业管理行为上就有可能因为这种良性互动提升企业绩效或相关绩效指标。但该理论也提出了这样的团队构成也存在一些弊端。例如，由于相同的认知观会遗漏同类人群都可能忽视的管理漏洞与市场机会，看问题会存在相同的偏见，对未来规划可能会有不正确的相同判断。

高管团队的"异质性"说法，则是相对"同质性"的一种观点。巴特雷和杰克森（Bantel and Jackson, 1989）通过研究证明，若团队成员在文化背景、行业经历、管理认知等方面是具有差异性的，可能在团队中会形成一种互补作用。而这种互补作用会有利于团队成员之间取长补短，使得整个团队的决策全面而翔实，提升企业的相关绩效指标，但同样存在的隐患是，这样的团队容易在工作理念上产生分歧，内耗成本大，降低投资的决策效率与效用。

综合来说，同质性作用与异质性作用会同时并存，我们在关注相关企业时，可能会探讨哪一种作用在什么样的情景下会起主导作用，在发生负面影响的时候，应该做出怎样的预防机制或处理手段。

4.2.2 高管团队人力资本与企业投资效率的关系

企业是追求盈利的经济组织，其首要目的就是保证生存并发展，追求效益和企业投资效率是实现这一目的的关键。根据企业资源基础理论，企业拥有和使用战略资源的能力是获取企业竞争优势的关键，充分重视"人力资本"，才能很好地发挥人及团队在企业中的重要作用，才会提升企业的业绩和效率以及可持续发展能力。因此，为了企业的生存和发展，提升企业的投资效率，需要充分发挥企业的管理者以及投资行为决策者——高管团队人力资本的作用。优秀的高管团队不仅能尊重并充分发挥各团队成员的特点和能力，形成团队凝聚力并提升团队效能，还能够结合企业的各种资源禀赋以及企业内外部环境，快速、高效地制定符合企业发展战略的各项决策，使企业在市场竞争中形成战略竞争能力并获得领先优势。

根据人力资本理论和高阶理论，结合创业板上市公司的特征，本书重点考察高管团队年龄、受教育程度、任职年限和职称四个维度人力资本特征的同质性（平均值）与异质性对企业投资效率的影响。其中，年龄影响高管成员的社会行为、风险偏好、交往特征；受教育年限反映了高管成员的社会认知和知识储备以及技术技能；职称水平代表了高管成员的专业背景、专业水平及行业认可度；任职年限则反映出行业经验、工作经验和对任职企业的熟知程度。这些要素在成员间可能会表现出同质性作用或异质性作用，从而产生本书所关心的对企业投资效率的不同作用。

4.2.2.1 高管团队成员的年龄与企业投资效率

巴特雷和杰克森（Bantel and Jackson，1989）指出，年龄是影响行为人风险偏好的一个重要因素。在以往的研究中，对于团队成员的平均年龄与企业绩效指标并没有绝对线性的定论。年龄与行为效率的线性关系一般不太稳定，因而需要从同质性和异质性的角度分别考虑高管团队成员年龄的作用，即年龄相仿、志同道合的成员在一起越有利于发展，还是存在年龄差异，具有传帮带特征的团队更有利于企业的发展。

高管团队成员的年龄，反映了他们的社会阅历，影响高管成员的风险偏好以及行为方式。随着年龄的增长，社会阅历的丰富和积累，风险偏好会趋于保守，行为趋于稳重。面临不同的内外部环境时，尤其是存在不确定因素时，富有朝气且冲劲十足的年轻高管成员，会勇于冒险尝试；年龄大的高管成员会倾向于选择风险较小的方案。另外，随着年龄的增长，高管成员们的体力、精力和学习能力都会随之减弱，应对变化的适应能力以及对于信息的敏感性和整合能力也都随着年龄增长在变弱，这些都影响高管成员们的投资行为及投资决策。高管团队成员的平均年龄增长，可能是所有成员年纪都变大，也有可能是因为年纪大的成员占比变大。无论哪种原因导致的高管团队平均年龄增大，都意味着整个团队总体上具有了丰富的经验和资历,投资行为因此会趋于稳健,在进行投资决策时,会持更审慎的态度,所以可以降低投资过度现象的发生概率。

对处于成长期中的创业板上市公司,需要创新和尝试更多的新举措,需要及时抓住一些转瞬即逝的行业新亮点和投资机会,这时敢于冒险和创新的年轻高管突显了相较于成熟稳重的年长高管的优势。不过,如果高管团队成员的年龄都偏年轻,则会因大家都比较缺乏经验、喜欢冒进或者过度自信而在投资决策时因为不够审慎而趋于投资过度。因此,高管团队中需要年龄的合理搭配,各个年龄层次的高管成员都有,在投资决策时越能及时发现并抓住投资机会,又能比较审慎地规避风险。但是,对于儒家文化影响下的中国高管们,尊崇长幼有序,导致不同年龄层次的高管团队成员之间的交流和沟通并不是很好,造成高管团队成员之间摩擦增加、满意度下降、团队凝聚力下降,降低整个高管团队的管理效率,从而产生负面作用,在投资决策过程中作出不合理的选择。

基于上述分析,提出关于高管团队年龄与投资效率关系的如下待验证假设:

H4.1a:高管团队成员平均年龄与企业投资效率正相关,平均年龄越大,越能抑制非效率投资。

H4.1b:高管团队成员年龄异质性与企业投资效率正相关,年龄差异越大,越能抑制非效率投资。

4.2.2.2　高管团队成员受教育水平与企业投资效率

通常来说,高管团队成员的受教育程度,代表其认知能力、学习能力、专业技术与技能(Smith and Olian,1994)。企业高管团队成员需要具备相应的专业知识和能力,才能胜任管理工作。尤其是创业板上市公司,是各个行业中创新的中坚力量,更需要高管团队具备足够的专业知识储备和必要的技术技能。

高管团队成员的平均学历越高,受教育程度越高,说明这些高管成员或者其中占比大的高学历高管成员的学习能力越强，掌握的专业知识和技术以及管理能力越强，高管团队的综合人力资本实力也越强。在企业发展尤其是在投资机会的寻求过程中，高管团队越容易获得充分的有效信息。相应地，在进行投资决策时，越能更理性地使最终的投资方案更符合企业发展战略，从而提高投资效率，减少非效率投资。

另外，如果高管团队成员间受教育程度差异大，说明存在学历不高的高管成员，这些知识储备和能力都比较弱的高管成员，虽然让整个高管团队可以在不同层次上获取信息并分析问题，但更可能因为认知水平或价值观等方面的差异影响团队内部的交流和沟通。从而产生分歧并给团队协作引发一定障碍，影响高管团队对投资方案的决策效率和决策的科学合理性，对企业投资效率提高带来一定的负面作用。

因此，本书提出关于高管团队受教育程度与投资效率关系的如下待验证假设：

H4.2a：高管团队成员平均学历越高，越可能提升企业投资效率；

H4.2b：高管团队成员间学历差异越大，越可能降低企业投资效率。

4.2.2.3　高管团队成员的任职期限与企业投资效率

高管团队成员任职期限体现了其在所处的行业和所服务的企业中积累的相应经验以及对所服务企业的熟知程度。高管任职期限越长，对企业战略机会的把握能力越高（Finkelstein and Hambrick，1996）。

高管团队成员的平均任职期限越长，说明团队成员总体上积累了越多的行业经验、对企业的认知程度越高，对于企业成长过程中碰到的问题都较有经验应对和处理，并且，对企业表现出较高的忠诚度和较深的感情。高管团队成员之间需要相互磨合，团队成员之间的默契度会随着平均任职期限的延长而提高，团队成员之间更容易沟通和协调，提高团队的决策效率。同时，随着任职期限延长，在"干中学"的过程中积累丰富的知识、经验和能力会随之增加，这些高管成员的人力资本相应提升，人力资本的作用能得以更充分地发挥，在投资决策过程中做出有利于企业长期战略实现的决策，减少非效率投资的发生。而且，高管团队任职期限越长，越能向外部投资者或者债权人传递出企业发展稳定的信号，在一定程度上能缓解因为不信任而引起的融资约束，减少投资不足。

但是，如果所有高管团队成员的任职期限都很长，团队成员之间可能因为长期合作而结成利益同盟，加剧高管团队与股东之间的代理冲突，引发非效率投资。另外，创业板上市公司是各个行业中的高新技术企业，是社会创新的主要源泉，因此，需要各个行业不同企业的高管人才加入为企业带来新鲜血液，以便碰撞出新的创新点。因此，高管团队成员需要合理流动和补充更新，新的高管团队成员的加入，能打破高管团队间的利益同盟、减少高管团队的管理固化守旧对新技术、新市场等开拓方面带来的局限，提高高管团队决策科学性和资金配置的合理性，缓解代理冲突，相应地提高企业投资效率。

据此，本书提出关于高管团队成员任职期限与企业投资效率关系的如下待验证假设：

H4.3a：高管团队成员平均任职期限与企业投资效率正相关，有助于抑制非效率投资；

H4.3b：高管团队成员任职期限的异质性也与企业投资效率正相关，有助于抑制非效率投资。

4.2.2.4 高管团队成员专业程度（职称）与企业投资效率

职称体现了高管团队的专业背景、专业程度和能力水平。在企业生产经营的过程中，每个岗位的工作人员都需要具备相应的专业能力。对于高管团队成员，更需要通过接受教育或培训、较长时间的工作锻炼，在所处行业积累足够的专业能力和管理能力。具有相关专业背景和较高专业水平的高管团队，能对企业高效的战略决策产生积极影响（Bantek and Jackson，1989）。

高管团队成员的平均职称越高，反映了高管团队的专业程度越高，该团队的行业引领能力、行业地位、社会影响力就会越高，可以获取的社会资源及市场资源也越多，从而为企业营造出良好的内外部环境。基于高管团队较强的专业判断及有利的内外部环境，在对投资机会的把握及投资决策的科学性方面，都会较专业程度低的高管团队表现更好，对企业投资效率的提升起到积极的作用。

另外，如果高管团队的专业程度都（不是平均）很高，说明团队中聚集了较多"高手"及"领导者"，这样的团队极易引发观点冲突，甚至是关键性战略理论的分歧，对企业投资效率的提升显然是有害无益的。因此，为了平衡高管团队的专业程度，高管团队中需要领导者（专业程度高的高管成员），也需要跟随者（专业程度相对较低的高管成员）。高管团队成员中专业程度（职称）的差异化配置，有助于减少团队内部成员的摩擦和冲突，提高团队的凝聚力，有利于更好地发挥团队的作用，提高企业的投资效率。

据此，本书提出关于高管团队成员专业程度（职称）与企业投资效率关系的如下待验证假设：

H4.4a：高管团队成员专业程度（职称）越高，越有利于提高企业投资效率；

H4.4b：高管团队成员专业程度（职称）差异越大，越有利于提高企业投资效率。

上述从高管团队人力资本中年龄、受教育程度、任职年限和职称四个维度对投资效率的影响，都是基于整个高管团队的构成，从同质性（平均值）和异质性两个方面展开的。高管团队人力资本对企业投资效率影响的理论关系，如图4.1所示。

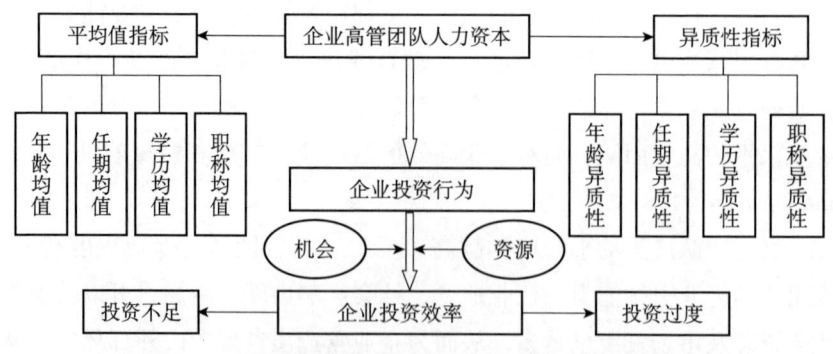

图 4.1 高管团队人力资本对投资效率影响的理论模型

4.3 高管团队人力资本对投资效率影响的实证检验

在已有文献中,虽有提及对高管团队人力资本特征与企业投资效率之间的关系,但实证研究相对单薄,本章将从实证角度丰富高管团队理论和中国创业板上市公司投资效率的相关研究。

4.3.1 样本与数据

本章实证分析的样本选取同第3章,选取中国创业板上市公司2010~2015年的年度数据,删除数据缺失以及异常值之后,获得396家样本公司共1552个样本构成的非平衡面板数据。其中,投资过度组为708个样本,投资不足组为844个样本。投资效率,采用第3章的计算结果;人力资本及其他财务数据,来自锐思(RESSET)数据库。

4.3.2 变量选择与定义

(1) 被解释变量:投资效率,以第3章式(3-2)的回归残差的绝对值表示,包括投资过度 OI(回归残差大于0),以及投资不足 UI(回归残差小于0,取绝对值)。

(2) 解释变量:人力资本,包括年龄、受教育程度、任职年限和职称四个维度(分别用全体高管团队成员的相关平均值和异质性指标表示)。

(3) 控制变量:结合已有的相关研究文献,将其他可能影响企业投资效率的相关因素,包括企业规模、杠杆的利用程度、股权集中度、自由现金流量、收益率和发展机会等作为控制变量。

主要变量定义,如表4.1所示。

表 4.1 人力资本等主要变量定义

变量	变量含义	变量定义
ABSEFF	投资效率	理查德森（2006）模型回归残差的绝对值
UI	投资不足	理查德森（2006）模型回归残差<0时的绝对值
OI	投资过度	理查德森（2006）模型回归残差>0
AVAGE	团队成员平均年龄	取值为截至考察年度末，企业高管团队成员的实际年龄的算术平均值
AVEDU	团队成员平均受教育程度（学历）	对企业高管团队成员受教育程度赋值：高中、中专及以下学历取值为1，大专取值为2，本科取值为3，研究生取值为4，博士及以上学历取值为5，计算算术平均值
AVTIME	团队成员平均任职年限	根据截至考察年度末，企业高管团队成员实际进入团队的时间，计算算术平均值
AVCAR	团队成员平均职称	对高管团队成员所获得职称等级赋值：没有职称的管理人员取值为1，初级职称（包括助理经济师、助理会计师等）等取值为2，中级职称（包括讲师、经济师、会计师、统计师、工程师等）取值为3，副高职称（包括副教授、副研究员、高级经济师、高级会计师、高级工程师等）取值为4，高级职称（包括教授、研究员、正高级经济师、正高级会计师、正高级工程师及教授级工程师等）取值为5，计算算术平均值
SDAGE	团队成员间年龄差异	采用标准差系数表示
HEDU	团队成员间学历差异	根据团队成员受教育程度的赋值结果，计算 1 – Herfindahl 指数
SDTIME	团队成员间任职年限差异	采用标准差系数表示
HCAR	团队成员间职称的差异	根据团队成员职称的赋值结果，计算 1 – Herfindahl 指数
HOWN5	股权集中度	根据前5名股东持股计算的 Herfindal 指数
DD	独立董事比重	独立董事人数/董事会总人数
SIZE	资产规模	期末资产总额的自然对数
Q	投资机会	托宾 q
LEV	杠杆程度	资产负债率
ROE	收益率	净资产收益率
EFCF	每股自由现金流量	（息前税后利润＋折旧与摊销－营运资本增加－资本支出）/普通股股数

4.3.3 模型设计

为了检验上述假设,参考已有的相关文献,构建如下多元线性模型:

$$\text{EFF}_{i,t} = \alpha_0 + \alpha_1 \text{HC}_{i,t} + \alpha_2 \text{Control}_{i,t} + \varepsilon_{i,t} \quad (4-1)$$

在式(4-1)中,$\text{EFF}_{i,t}$ 表示第 i 家公司第 t 年的投资效率指标(非效率投资),包括投资过度 OI 和投资不足 UI;$\text{HC}_{i,t}$ 表示第 i 家公司第 t 年的高管团队人力资本,包括年龄、受教育程度、任职年限和职称四个维度的平均值和异质性;Control 代表各控制变量。

4.3.4 变量统计及回归分析

4.3.4.1 变量描述性统计

表 4.2 为相关指标的描述性统计结果。根据变量的统计结果,大致可以看到中国创业板上市企业的高管团队及相关重要的控制变量并未表现出随机性大、差异性显著的特征。本书中样本企业高管团队的平均年龄的均值为 46.8 岁,最大值为 57 岁,最小值为 37 岁,这可以视为相对合理甚至是理想的高管团队的年龄构成,精力充沛并具有较丰富的社会阅历和工作经验。平均受教育程度的均值和中位数均接近于本科,表明样本企业的高管团队的学历普遍较高,具备高新技术企业的创业板上市公司创新所需的素质。而职称和任职年限变量相对都有着合理的分布。在控制变量中,大部分变量也如我们预期的表现,唯一需引起关注的变量是托宾 Q,在此是衡量企业投资机会的指标,样本企业表现差异最大的指标即市场上的投资机会,非均等的投资机会将在一定程度上影响企业的投资效率。

表 4.2　　　　　式（4-1）相关指标的描述性统计

变量	均值	中位数	最大值	最小值	标准差
ABSEFF	0.078	0.047	2.033	0.000	0.121
UI	0.052	0.039	0.724	0.000	0.058
OI	0.101	0.051	2.033	0.000	0.158
AVAGE	46.769	46.846	57.059	37.154	2.982
AVEDU	2.871	2.952	4.412	1.000	0.642
AVTIME	3.283	3.308	7.000	0.000	1.198
AVCAR	2.015	1.926	4.316	1.000	0.608
SDAGE	8.672	8.595	14.512	3.245	2.029
HEDU	0.635	0.685	0.780	0.000	0.166
SDTIME	1.229	1.348	4.423	0.000	0.819
HCAR	0.339	0.537	0.997	-11.313	0.733
HOWN5	0.147	0.127	0.482	0.002	0.088
DD	38.825	37.500	75.000	0.000	9.089
SIZE	21.044	20.954	24.212	19.399	0.666
Q	4.351	3.348	89.448	0.000	4.287
LEV	25.380	22.443	88.643	1.103	15.923
ROE	5.656	5.582	37.252	-46.842	5.402
EFCF	-0.079	-0.024	11.025	-8.090	0.888

资料来源：作者根据锐思（RESSET）数据库中国创业板上市公司 2010~2015 年的年度数据及第 3 章计算出的投资效率统计而得。

4.3.4.2　回归结果分析

每家上市公司高管团队四个维度的人力资本特征分别按照平均值与异质性进行统计，共获得八个描述高管团队人力资本的指标。将式（4-1）中的指标 HC 分为三组，分别将描述人力资本的平均值指标（Ⅰ组）、异质性指标（Ⅱ组）、混合指标（Ⅲ组）代入模型检验其对企业投资效率的影响，以估计的截面残差的方差为权重，对模型进行非平衡面板数据的广义最小二乘法回归，回归结果如表 4.3 所示。

表 4.3　　　　高管团队人力资本特征对投资效率的回归结果

变量	平均值指标（Ⅰ组）系数	t 值	异质性指标（Ⅱ组）系数	t 值	混合指标（Ⅲ组）系数	t 值
C	0.024	0.657	0.006	0.155	0.023	0.663
AVAGE	0.001 **	2.367			0.000	0.898
AVCAR	-0.012 ***	-6.936			-0.008 ***	-5.458
AVEDU	0.008 ***	6.002			0.005 **	2.463
AVTIME	-0.002 ***	-3.132			-0.003 ***	-3.277
HCAR			-0.003 **	-1.983	-0.005 ***	-3.401
HEDU			0.016 ***	3.288	0.001	0.215
SDAGE			0.002 ***	3.513	-0.000	-0.343
SDTIME			-0.010 ***	-8.979	-0.009 ***	-6.367
DD	-0.000	-1.101	-0.000	-1.634	-0.000 ***	-3.222
SIZE	-0.001	-0.364	0.002	0.966	0.000	0.129
Q	0.005 ***	13.680	0.005 ***	15.507	0.005	14.349
LEV	0.000	1.007	-0.000 **	-2.339	0.000 **	2.307
ROE	0.000	0.621	0.000	0.218	-0.000 **	-2.059
HOWN5	0.027 ***	2.626	0.038 ***	3.985	0.034 ***	3.781
EFCF	-0.007 ***	-6.682	-0.004 ***	-3.554	-0.174 ***	-25.424
调整后 R^2	0.181		0.435		0.461	
F 统计量	32.267		109.760		89.613	
P 值	0.000		0.000		0.000	

注：所有数据小数点后保留三位，**、*** 表示 5% 和 1% 水平上显著。

回归结果显示，大部分变量在预期范围内表现显著。控制变量在Ⅰ组与Ⅱ组中的作用不如Ⅲ组有效。

（1）对于平均值指标，根据Ⅰ组，高管团队成员的平均年龄与非效率投资显著正相关，表明高管团队成员平均年龄越高对企业的投资效率越不利，只是这一显著性在Ⅲ组中未能体现，未能验证研究假设 H4.1a，但与创业板上市公司高管团队平均年龄偏大，平均年龄 46.8 岁，见表 4.2，和创业板上市公司普遍存在非效率投资，见表 3.9，相一致。导致这一结果的原因，可能是创业板上市公司高管团队成员年龄异质性很大所致，虽然年龄平均值很大，但是异质性也很大，表明高管团队成员中有冒进的年轻者也有相对稳健的年长者，但是年龄差异带来的团队协调力下降,产生了负效应;也可能是由于存在对高管团队人力资本效应发挥产生影响的调节变量没有纳入回归模型所致。

Ⅰ组和Ⅲ组都证实了高管团队的平均受教育年限越长,对投资效率越不利,同样未能验证研究假设H4.2a。这可能是由于创业板上市公司高管成员配置不合理,虽然平均受教育程度高,但是受教育程度低的成员太多,团队内部决策时发生冲突,降低了决策效率和投资决策的合理性。

此外,高管团队平均相对较高的职称水平与平均较长的任职年限均对企业效率提升表现出正作用,这和一般性的大众预期相同,验证了研究假设H4.3a和研究假设H4.4a。

(2) 对于异质性指标,可以观测到高管团队成员的专业职称背景及任职年限的差异化构成与非效率投资显著负相关。这表明两个高管团队人力资本特征的异质性有利于企业投资效率的提升,验证了研究假设H4.3b和研究假设H4.4b。

在年龄方面,Ⅱ组显示,高管团队成员的年龄构成差异与非效率投资显著正相关。这表明,高管团队成员的年龄差异越小,越有利于企业的投资效率,验证了研究假设H4.1b。但这一结论并未在Ⅲ组中获得佐证。

在受教育程度方面,Ⅱ组显示,高管团队成员的受教育年限构成差异越小,越有利于企业的投资效率,验证了研究假设H4.2b。这种关系虽然在Ⅲ组中也得到体现,但是并不显著。

(3) 关于控制变量,大致可以看到独立董事的监督约束机制,确实能抑制非效率投资,只是这种抑制作用在Ⅰ组和Ⅱ组中不显著;股权集中度与非效率投资显著负相关,可能是由于前五大股东与其他中小股东存在冲突。越多的自由现金流量、更高的企业资产收益率和大量投资机会都与企业投资效率正相关,表明创业板上市公司手握大量现金和面临投资机会时,很容易发生非效率投资。此外,企业规模与投资杠杆的使用和投资效率之间的关系并不明确。

4.3.5 高管团队人力资本综合指数计算

通过高管团队人力资本四个维度特征的平均值指标和异质性指标与投资效率（非效率投资）的回归分析，基本验证了高管团队人力资本对投资效率的提升作用。为了对企业的人力资本进行综合测度，接下来考虑通过因子分析，对上述四个维度的变量进行降维处理，分别对平均值指标、异质性指标和全部指标进行因子分析，提炼出人力资本平均值指数，人力资本异质性指数和人力资本综合指数，具体过程如下。

4.3.5.1 KMO 检验和巴特利（Bartlett）检验

在因子分析前，分别对人力资本平均值指标、人力资本异质性指标和全部人力资本指标进行 KMO 检验和 Bartlett 检验，判断数据是否适合作因子分析，见表 4.4。

表 4.4　　　　　　　　　KMO 检验和 Bartlett 检验

	平均值指标	异质性指标	混合指标
采样足够度的 KMO 度量	0.545	0.529	0.533
Bartlett 检验	1 074.021 ***	56.872 ***	4 693.006 ***

注：*** 分别表示显著性水平小于1%。

KMO 用于判断变量间的偏相关性是否很小，如果检验值 KMO 越接近 0，表示选取指标的相关性越弱；若该值越接近 1，说明选取指标的相关性越强。适合因子分析的指标相关性要求 KMO 取值至少在 0.5 以上，本书选取的三组指标均达到这一要求，可以做因子分析。

此外，表 4.4 的第 2 行为 Bartlett 球形检验，该检验的 P 值越小，表明相关矩阵越不是单位矩阵，越适合进行因子分析。根据检验结果，Bartlett 的显著性水平均小于1%，表明变量间的偏相关性较大，适合做因子分析。

4.3.5.2 因子提取

根据样本公司的相关数据，运用 SPSS 21.0 统计软件分别对人力资本的平均值指标、异质性指标和全部指标进行因子分析。先选取主成分分析法，按照 N-1（N 为参与因子分析的变量数）抽取因子，输出未旋转的因子解。通过最大方差法旋转后的相关主成分、特征根及各类不同的方差贡献率，见表 4.5。

表 4.5 因子分析特征根与方差贡献率

成分	初始特征值 合计	方差的占比（%）	累积占比（%）	旋转平方和载入 合计	方差的占比（%）	累积占比（%）
平均值指标组						
1	1.496	37.392	37.392	1.347	33.668	33.668
2	1.265	31.634	69.026	1.177	29.424	63.092
3	0.775	19.385	88.411	1.013	25.319	88.411
4	0.464	11.589	100.000			
异质性指标组						
1	1.164	29.103	29.103	1.118	28.940	28.940
2	0.989	24.724	53.827	1.000	26.508	55.448
3	0.965	24.121	77.948	1.000	25.054	80.502
4	0.882	22.052	100.000			
混合指标组						
1	1.931	24.138	24.138	1.727	21.584	21.584
2	1.848	23.097	47.235	1.024	12.802	34.386
3	1.204	15.049	62.284	1.008	12.596	46.982
4	1.024	12.806	75.090	1.004	12.546	59.528
5	0.851	10.634	85.724	1.002	12.528	72.056
6	0.493	6.161	91.885	0.997	12.462	84.518
7	0.394	4.922	96.807	0.983	12.289	96.807
8	0.255	3.193	100.000			

从表 4.5 可以看出，提取的因子在旋转后的方差贡献率均超过

80%，说明这三组变量提取的因子包含了绝大部分信息，已经具备一定的代表性。旋转后的因子载荷矩阵，如表4.6所示。从旋转后的载荷矩阵可以看出，各个因子中相关变量的影响力。以平均值指标组为例，因子1中平均受教育年限和平均专业能力起到了较为重要的决定作用。

来自三组指标的与因子关联的特征值和因子数量的碎石图，见图4.2显示，很难只保留少数因子而达到解释绝大部分主成分的目的。因而，在后文的计算中，均尽可能地保留了绝大部分因子。

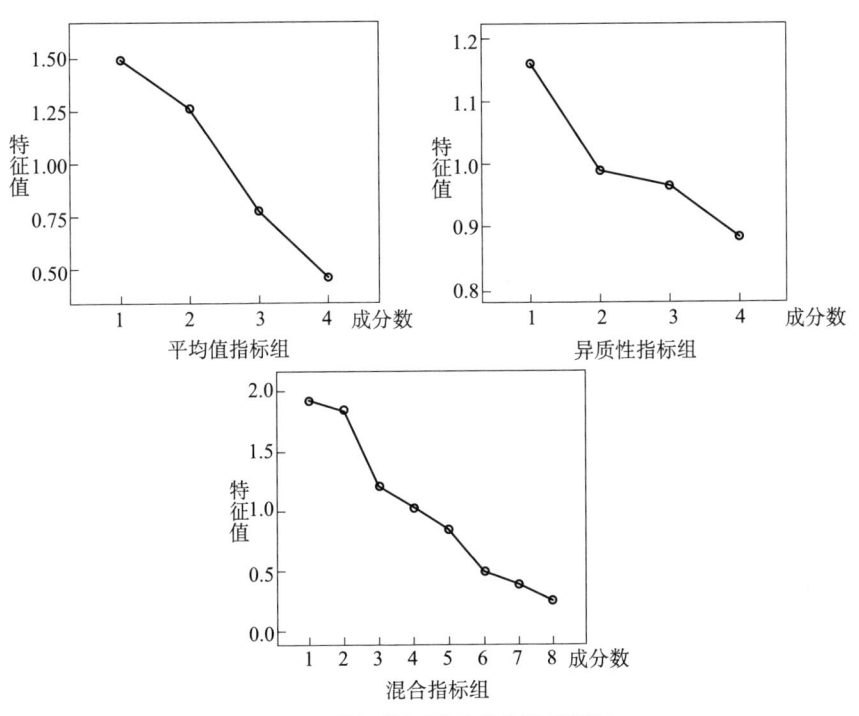

图4.2 特征值与因子成分数量碎石

资料来源：作者运用SPSS 21.0统计软件绘制而得。

表4.7为因子得分系数矩阵。根据旋转后成分得分系数矩阵，可以计算每个因子的得分。为方便计，这里用一个通用的式子来表示：

$$F_j = \sum \alpha_{i,j} X_i \qquad (4-2)$$

在式（4-2）中，F_j表示第j个因子，X_i表示系数表中第i个变量，$\alpha_{i,j}$表示系数表中第j个因子所对应的第i个变量的系数。

表 4.6 旋转后的因子载荷矩阵

变量	平均值指标组 因子1	平均值指标组 因子2	平均值指标组 因子3	异质性指标组 因子1	异质性指标组 因子2	异质性指标组 因子3	混合指标组 因子1	混合指标组 因子2	混合指标组 因子3	混合指标组 因子4	混合指标组 因子5	混合指标组 因子6	混合指标组 因子7
AVAGE	-0.026	0.933	0.150				0.132	-0.003	0.159	0.118	0.008	0.971	-0.024
AVEDU	0.925	-0.133	-0.018				-0.049	0.329	0.210	-0.065	-0.049	-0.029	0.904
AVCAR	0.698	0.527	-0.125				-0.036	0.135	0.958	-0.023	-0.015	0.166	0.184
AVTIME	-0.060	0.109	0.987				0.909	0.115	-0.027	0.010	0.010	0.105	-0.174
SDAGE				0.030	0.997	0.007	0.011	0.024	-0.021	0.992	-0.025	0.111	-0.051
SDTIME				0.031	0.007	0.999	0.937	-0.068	-0.012	0.006	-0.028	0.051	0.112
HCAR				-0.742	-0.068	0.008	-0.016	-0.050	-0.014	-0.024	0.997	0.007	-0.040
HEDU				0.752	-0.030	0.047	0.042	0.936	0.137	0.031	-0.057	-0.001	0.292

表 4.7 因子得分系数矩阵

变量	平均值指标组 因子1	平均值指标组 因子2	平均值指标组 因子3	异质性指标组 因子1	异质性指标组 因子2	异质性指标组 因子3	混合指标组 因子1	混合指标组 因子2	混合指标组 因子3	混合指标组 因子4	混合指标组 因子5	混合指标组 因子6	混合指标组 因子7
AVAGE	-0.154	0.824	-0.026				-0.093	0.008	-0.213	-0.121	-0.012	1.093	0.077
AVEDU	0.749	-0.273	0.155				0.029	-0.266	-0.191	0.049	0.038	0.059	1.167
AVCAR	0.442	0.386	-0.121				0.036	-0.103	1.139	0.037	0.005	-0.202	-0.225
AVTIME	0.093	-0.081	1.005				0.515	0.227	0.061	-0.035	0.024	-0.060	-0.287
SDAGE				-0.025	0.999	-0.003	0.006	-0.056	0.042	1.029	0.027	-0.131	0.074
SDTIME				-0.026	-0.003	1.000	0.586	-0.289	0.009	0.046	-0.005	-0.101	0.335
HCAR				-0.665	-0.030	0.049	0.012	0.038	0.004	0.029	1.007	-0.013	0.049
HEDU				0.676	-0.070	0.007	-0.037	1.131	-0.106	-0.041	0.035	0.015	-0.317

4.3.5.3 人力资本指数的计算

以每个因子的方差贡献率占全部因子的方差贡献率的比重为权重，计算出相关组别每个因子的加权平均数，这样即可得到人力资本平均值综合指数（PCI1）、人力资本异质性综合指数（PCI2）和人力资本综合指数（PCI3）。通用式子如下：

$$PCI = \sum (方差贡献率_j/累计方差贡献率) \times F_j \quad (4-3)$$

为了使描述更为直观，在此将计算过程举例说明。例如，计算某上市公司 2010 年度的平均值综合指数。该企业当年度平均值指标 AVAGE、AVEDU、AVCAR 和 AVTIME 的值分别为 43.389、2.944、2.667 和 1，那么，F_i 的因子得分可表示为：

$F_1 = (-0.154) \times 43.389 + 0.749 \times 2.944 + 0.442 \times 2.667 + 0.093 \times 1 = -3.205$

$F_2 = (0.824) \times 43.389 + (-0.273) \times 2.944 + 0.386 \times 2.667 + (-0.081) \times 1 = 35.897$

$F_3 = (-0.026) \times 43.389 + 0.155 \times 2.944 + (-0.121) \times 2.667 + (1.005) \times 1 = 0.010$

根据计算得出的因子得分，即可算出该企业的平均值综合指数 PCI1：

$PCI1 = (37.392/88.411) \times (-3.205) + (31.634/88.411) \times (35.897) + (19.385/88.411) \times (0.010) = 11.491$

依此，根据式（4-3）计算得出所有样本公司 2010~2015 年的三组高管团队人力资本指数，其描述性统计如表 4.8、表 4.9 和表 4.10 所示。

表 4.8　　高管团队人力资本指数的总体描述性统计

指数	极小值	极大值	均值	标准差
异质性指数	-5.674	1.710	0.000	0.578
平均值指数	-1.917	1.991	0.000	0.581
综合指数	-2.426	1.265	0.000	0.421

注：三个指数的均值都是 0.000，并不代表这三个指数的均值就是 0，而是因为只取三位小数所致。

资料来源：作者根据式（4-3）计算而得。

表4.8是对计算出来的创业板上市公司三个高管团队人力资本指数的总体情况进行统计描述。三个人力资本指数的标准差,都反映出所有样本的高管团队人力资本的离散程度不大。异质性指数的极小值是-5.674,而均值趋近于0,差异比较大,表明异质性指数可能存在异常值。

表4.9　　　　　高管团队人力资本指数分年度描述性统计

年份	指数	均值	中位值	最大值	最小值	标准差	样本数
2010	异质性指数	-0.449	-0.288	0.419	-2.949	0.625	35
	平均值指数	-0.274	-0.335	0.980	-1.574	0.561	35
	综合指数	-0.323	-0.242	0.398	-1.422	0.415	35
2011	异质性指数	-0.248	-0.250	0.865	-1.433	0.468	152
	平均值指数	-0.323	-0.341	1.415	-1.917	0.539	152
	综合指数	-0.232	-0.210	0.562	-1.446	0.341	152
2012	异质性指数	-0.032	-0.002	1.319	-1.939	0.522	276
	平均值指数	0.018	0.007	1.705	-1.327	0.583	276
	综合指数	-0.011	0.040	0.953	-1.122	0.374	276
2013	异质性指数	0.087	0.099	1.428	-1.573	0.499	349
	平均值指数	0.098	0.049	1.991	-1.527	0.596	349
	综合指数	0.063	0.095	1.032	-1.291	0.385	349
2014	异质性指数	0.176	0.215	1.489	-5.674	0.628	349
	平均值指数	0.128	0.182	1.358	-1.547	0.532	349
	综合指数	0.104	0.177	0.905	-2.426	0.410	349
2015	异质性指数	0.211	0.242	1.710	-2.066	0.511	391
	平均值指数	0.180	0.167	1.663	-1.173	0.525	391
	综合指数	0.194	0.242	0.981	-1.102	0.347	391

资料来源:作者根据式(4-3)计算整理而得。

分年度对高管团队人力资本指数进行描述性统计,可以反映出创业板上市公司高管团队人力资本的变化趋势。从表4.10可以看出,三个高管团队人力资本指数的均值,2010~2015年,均呈先降后升的变化趋势,2012年出现最低点。

表4.10　　　　　高管团队人力资本指数分地区描述性统计

地区	指数	均值	中位值	最大值	最小值	标准差	样本数
华北	异质性指数	0.081	0.145	1.207	-2.347	0.510	294
	平均值指数	0.103	0.088	1.944	-1.302	0.571	294
	综合指数	0.090	0.141	1.032	-1.264	0.413	294

续表

地区	指数	均值	中位值	最大值	最小值	标准差	样本数
华东	异质性指数	0.098	0.151	1.710	-2.066	0.549	621
	平均值指数	0.067	0.077	1.900	-1.527	0.549	621
	综合指数	0.075	0.133	1.011	-1.291	0.369	621
华南	异质性指数	0.117	0.121	1.478	-5.674	0.616	340
	平均值指数	-0.154	-0.100	1.293	-1.917	0.533	340
	综合指数	-0.044	0.012	0.962	-2.426	0.426	340
其他地区	异质性指数	-0.042	-0.008	1.160	-2.949	0.550	297
	平均值指数	0.256	0.281	1.991	-1.574	0.596	297
	综合指数	0.089	0.141	0.867	-1.422	0.393	297

资料来源：作者根据式（4-3）计算整理而得。

中国幅员辽阔，不同地区之间存在着较为明显的人文差异。为了反映高管团队人力资本的地区差异，对高管团队人力资本的三个指数分地区进行了统计，见表4.10。统计结果显示，华北地区创业板上市公司的高管团队人力资本平均值指数和综合指数最高，其中，平均值指数远远高出其他地区，异质性指数也仅仅低于华东地区，反映出以北京市为核心的华北地区，由于北京市高端人才的集聚，导致高管团队人力资本强于国内其他地区。结合第3章的表3.10的描述性统计分析结果，华北地区的非效率投资相比其他地区弱一些，在某种程度上反映了高管团队人力资本与非效率投资之间存在反向关系。

在表4.11中，我们列示了人力资本综合指数在观测期内排名前20位的样本和排名后20位的样本。结合表4.2中统计的非效率投资的均值为0.078，而表4.11中高管团队人力资本排名前20位样本的非效率投资的均值为0.053，排名后20位样本的非效率投资的均值为0.116。这说明，高管团队人力资本综合指数高的企业，非效率投资相对较小，而高管团队人力资本综合指数低的企业，非效率投资相对较大，也反映出高管团队人力资本与非效率投资之间可能存在负向关系。

表 4.11　高管团队人力资本综合指数排名前 20 位样本公司及排名后 20 位样本公司

排名前 20 位样本公司			排名后 20 位样本公司		
序号	投资效率（非效率投资）	人力资本综合指数	序号	投资效率（非效率投资）	人力资本综合指数
1	0.019	1.032	1	0.138	-1.034
2	0.081	1.011	2	0.051	-1.041
3	0.059	0.981	3	0.057	-1.045
4	0.029	0.962	4	0.003	-1.046
5	0.034	0.953	5	0.092	-1.061
6	0.036	0.947	6	0.051	-1.082
7	0.120	0.926	7	0.031	-1.092
8	0.030	0.922	8	0.069	-1.102
9	0.006	0.911	9	0.031	-1.108
10	0.009	0.905	10	0.064	-1.122
11	0.038	0.897	11	0.228	-1.147
12	0.037	0.878	12	0.035	-1.152
13	0.082	0.867	13	0.082	-1.252
14	0.149	0.865	14	0.028	-1.264
15	0.073	0.865	15	0.095	-1.291
16	0.034	0.863	16	0.061	-1.348
17	0.066	0.859	17	0.082	-1.375
18	0.017	0.847	18	0.041	-1.422
19	0.133	0.841	19	0.013	-1.446
20	0.001	0.832	20	1.070	-2.426
均值	0.053	0.908	均值	0.116	-1.243

资料来源：作者根据式（4-3）整理计算而得。

4.3.6　高管团队人力资本指数与投资效率的回归分析

本书通过因子分析降维，分别构建了高管团队人力资本的平均值指数、异质性指数和综合指数。接下来，分别用这三个指数为解释变量，区分投资不足组和投资过度组，再次检验人力资本对投资效率的影响。通过 Hausman 检验后，选择固定效应模型，进行非平衡面板数据的回归。回归结果，如表 4.12～表 4.14 所示。

第4章 高管团队人力资本对投资效率的影响

表4.12 全样本人力资本综合指数对投资效率的回归结果

变量	平均值指数 系数	平均值指数 t值	异质性指数 系数	异质性指数 t值	综合指数 系数	综合指数 t值
C	0.052	1.473	0.156***	5.124	0.049	1.401
PCI1	−0.003	−1.523				
PCI2			−0.003	−1.296		
PCI3					−0.010***	−5.977
DD	−0.000**	−2.229	−0.000***	−3.573	−0.000	−0.936
Q	0.007***	17.933	0.005***	13.911	0.008***	19.579
ROE	0.000*	1.743	0.000*	1.665	0.000	1.011
SIZE	−0.000	−0.392	−0.006***	−3.915	−0.001	−0.593
LEV	−0.000	−1.290	0.000**	2.339	0.000	1.310
EFCF	−0.008***	−7.572	−0.188***	−28.480	−0.010***	−9.819
HOWN5	0.003	0.296	0.012	1.398	0.009	0.795
调整后 R^2	0.245		0.488		0.378	
F统计量	63.947		186.315		119.242	
P值	0.000		0.000		0.000	

注：所有数据小数点后保留三位，*、**、***表示10%、5%和1%水平上显著。

表4.13 投资过度组人力资本综合指数对投资效率的回归结果

变量	平均值指数 系数	平均值指数 t值	异质性指数 系数	异质性指数 t值	综合指数 系数	综合指数 t值
C	0.282	0.98	0.103	0.342	0.167	0.571
PCI1	−0.042**	−2.553				
PCI2			−0.039**	−2.231		
PCI3					−0.053**	−2.410
DD	0.001	0.755	0.001	0.982	0.001	0.905
Q	0.010***	6.003	0.010***	6.203	0.010***	5.942
ROE	0.002	1.421	0.001	0.686	0.002	1.050
SIZE	−0.004	−0.256	0.005	0.350	0.002	0.142
LEV	−0.003***	−4.296	−0.003***	−4.583	−0.003***	−4.433
EFCF	−0.035***	−6.257	−0.034***	−5.935	−0.035***	−6.140
HOWN5	−0.244***	−2.937	−0.228***	−2.746	−0.239***	−2.872
调整后 R^2	0.39		0.388		0.389	
F统计量	28.293		27.792		28.174	
P值	0.000		0.000		0.000	

注：所有数据小数点后保留三位，**、***表示5%和1%水平上显著。

91

表 4.14　投资不足组人力资本综合指数对投资效率的回归结果

变量	平均值指数 系数	平均值指数 t 值	异质性指数 系数	异质性指数 t 值	综合指数 系数	综合指数 t 值
C	2.287 ***	2.704	0.968	1.148	1.082	1.266
PCI1	−0.125 **	−2.428				
PCI2			−0.092 ***	−3.666		
PCI3					−0.195 ***	−3.998
DD	−0.002	−0.547	−0.003	−0.995	−0.002	−0.820
Q	0.014 ***	4.554	0.014 ***	4.726	0.013 ***	4.436
ROE	0.025 ***	8.173	0.024 ***	8.046	0.025 ***	8.101
SIZE	−0.082 **	−2.073	−0.019	−0.474	−0.025	−0.613
LEV	−0.005 ***	−2.98	−0.004 ***	−2.765	−0.005 ***	−2.863
EFCF	−0.011	−0.477	−0.006	−0.284	−0.012	−0.531
HOWN5	−0.627 **	−2.416	−0.568 **	−2.307	−0.527 **	−2.083
调整后 R^2	0.423		0.44		0.447	
F 统计量	22.338		25.795		24.754	
P 值	0.000		0.000		0.000	

注：所有数据小数点后保留三位，**、*** 表示5%和1%水平上显著。

反映高管团队人力资本强度的平均值指数，能显著地抑制投资过度，减少投资不足。虽然在全样本组中的治理效果不显著，但也体现了平均值指数与非效率投资的负相关关系。根据回归系数的大小可以看出，高管团队人力资本平均值指数降低投资不足的作用，要大于抑制投资过度的作用。

反映高管团队人力资本广度的异质性指数，与平均值指数一样，也能显著地减少投资不足并抑制投资过度，并且，对投资不足的影响要明显大于对投资过度的影响。同样，在全样本组中，异质性指数对非效率投资的负向影响不显著。

反映高管团队人力资本质量的综合指数，在全样本组、投资过度组和投资不足组，均与非效率投资显著负相关。这表明，高管团队人力资本的综合质量能显著抑制非效率投资，改善企业的投资效率。与平均值指数和异质性指数一样，高管团队人力资本的综合指数对投资不足的影响效果要大于对投资过度的影响效果。

由于中国各个地区的社会经济发展程度不一样，自然环境和人文环境都有较明显的区域差异，且前文通过描述性统计也发现不同地区创业板上市公司的高管团队人力资本指数存在差异。因此，为了考察不同地区高管团队人力资本对投资效率的影响是否有差异，根据地区分组，分别对华北地区、华东地区、华南地区和其他地区的高管团队人力资本指数与投资效率进行了回归。回归结果如表4.15所示（完整的回归结果见附录中附表1～附表4）。从这几个回归结果可以看出，四个地区创业板上市公司高管团队人力资本指数均与企业非效率投资呈现出负向的关系，只是有些显著，有些不显著，并且在三个不同的人力资本指数作用方面，地区间表现出一定的差异。

（1）华北地区，高管团队人力资本的三个指数都能在投资过度组显著地与非效率投资（投资过度）负相关，但在全样本组和投资不足组的负向关系不显著。这表明，在华北地区，创业板上市公司高管团队人力资本能显著地降低投资过度。

（2）华东地区，异质性指数在全样本组中表现出显著的负向关系，在其他两组不显著；而平均值指数和综合指数在投资过度组和投资不足组均显著负相关，在全样本组不显著。

（3）华南地区，在全样本组和投资过度组中，三个人力资本指数均存在显著的负相关关系，表明该地区的创业板上市公司高管团队的人力资本能很好地抑制投资过度的发生；在投资不足组中，只有平均值指数呈显著的负相关关系。这表明，该地区高管团队人力资本的强度对投资不足有较好的改善作用。

（4）在其他地区，高管团队人力资本的平均值指数在三个组别中都呈现显著的负相关关系，而其他两个指数只有异质性指数在投资过度组呈显著负向关系。这表明，在华北地区、华东地区和华南地区以外的广大区域中，高管团队人力资本的强度能很好地影响非效率投资，提高投资效率。

产生上述地区间差异的原因，除了地区间的人文环境因素之外，可能与各个地区的创业板上市公司高管团队人力资本的配置有关系。比如，北上广深等一线城市是优秀人才尤其是青年人才的首选地和集聚地，造成这些地区的公司高管团队成员可能在年龄、学历等方面趋于集中；而其他区域也凭借自身的特点和优势吸引各种人才，尤其是一些经验丰富的人才由于家庭原因等回归家乡，这些地区公司高管团队成员的各项特征的差异，可能会比较大一些。

表4.15　分地区高管团队人力资本指数与投资效率的回归结果

地区	变量	全样本组 系数	t值	系数	t值	投资过度组 系数	t值	系数	t值	系数	t值	投资不足组 系数	t值	系数	t值
华北地区	C	0.151	2.905	0.134	2.407	0.529	4.068	0.602	5.937	0.36	2.66	-0.142	-2.285	-0.15	-2.318
	PCI3	-0.000	-0.157			-0.015	-4.518	-0.017	-5.552			-0.006	-0.818		
	PCI1			-0.003	-0.715							-0.003	-0.336	-0.000	-0.024
	PCI2			-0.003	-1.079					-0.011	-2.590				
华东地区	C	-0.002	-0.759	-0.000	-0.038	-0.005	-2.496	-0.001	-1.444	-0.005	-1.983	-0.001	-1.368	-0.005	-1.855
	PCI1	-0.009	-2.796			-0.008	-2.284								
	PCI2														
	PCI3														
华南地区	C	-0.007	-3.953	-0.022	-4.284	-0.02	-2.55	-0.073	-14.119	-0.034	-3.926	-0.009	-2.657	-0.001	-0.398
	PCI1	-0.020	-3.930									-0.001	-0.251		
	PCI2														
	PCI3														
其他地区	C	-0.011	-2.983	-0.002	-0.337	-0.016	-2.607	-0.005	-0.384	-0.014	-5.929	-0.000	-0.158	-0.004	-0.84
	PCI1														
	PCI2	-0.001	-0.616												
	PCI3														

注：各地区完整的回归结果，请见附录。

4.4 本章小节

首先，本章对高管团队以及高管团队人力资本做了概念界定，然后，以人力资本理论和高阶理论为理论基础，从年龄、受教育程度、任职年限和职称四个维度的平均值和异质性两方面，对高管团队人力资本与企业投资效率的关系进行理论分析。

其次，以创业板上市公司 2010～2015 年的数据为样本，实证检验了高管团队人力资本的年龄、受教育程度、任职年限和职称四个维度的平均值和异质性对企业投资效率的影响。实证发现，高管团队成员的任职年限和职称两个特征的平均值和异质性都能显著地减少非效率投资，而年龄及学历的异质性与非效率投资呈正相关关系。从理论分析和实证的结果，都突出了高管团队应该从年龄、受教育程度、任职年限和职称等方面合理配置成员，这样才能通过高管团队的"行为整合"充分发挥其合力作用。

最后，为了更综合地反映高管团队人力资本，通过因子分析构建了高管团队人力资本平均值指数（反映高管团队人力资本强度）、异质性指数（反映高管团队人力资本广度）和综合指数（综合反映高管团队人力资本综合质量）。并分别以这三个指数为解释变量，再一次实证检验了高管团队人力资本对投资效率的影响。实证发现，高管团队人力资本无论是强度、广度还是综合质量，均能显著提高企业投资效率。但这种影响存在地区间差异，有些地区高管团队人力资本的强度、广度和综合质量都发挥了作用，有些地区只是强度或者广度发挥作用。

第5章　内部控制对投资效率的影响

企业制度是企业产权关系、控制方式和决策规则的总体安排，规范了企业相关利益各方的选择行为和有关规定的制定，是企业实现有效管理的条件和前提。内部控制是公司治理中重要的制度安排和内部制约机制，对企业管理和发展必然也会产生影响。本章重点研究内部控制对企业投资效率的影响，寻求从制度方面提升企业投资效率的途径。

5.1　内部控制及其评价

内部控制的概念由美国注册会计师协会于1949年首次提出，是指企业为保障其财产物资安全，确保会计信息翔实、准确、可靠，保证企业的正常运作并提高生产经营效率所采取的一切协调方法、程序、政策及措施。

5.1.1　内部控制的定义和要素

5.1.1.1　内部控制的定义

1953年，美国注册会计师协会在《审计程序公告第19号》文件中明确表示，会计主体的内部控制由会计控制与管理控制两部分组成。会计控制指，组织为保护资产与会计记录的可靠性所采取的方式、方法和程序；管理控制指，组织为提高经营效率而在其内部采取的方式、方法和程序。会计主体保障会计记录的可靠、公允以及资产的安全、完整所制定的相关方法和程序，构成了内部控制。内部控制强调的是，责任划分、业务授权和对会计核算的定期核对。

1992年，美国COSO委员会提出的《内部控制——整合框架》是当前关于内部控制的规范文献中最受学界、业界认可的，它明确指出，内部控制是一个动态发展并且循环往复的框架体系。它明晰了内部控制的三大目标：遵守法律政策、经营有效、财务信息真实；明确了内部控制的五个组成要素：控制环境、风险评估、控制活动、信息与沟通、监督；划分了内部控制的两大部门：职能部门和业务部门。

中国财政部、审计署等五部委于2008年6月28日共同颁布了《企业内部控制基本规范》，旨在对企业的经营活动进行联合监督管理，以约束和规范企业投资行为。借鉴COSO报告，并结合中国国情及企业具体情况，该规范对内部控制的目标进行了进一步细化，同时进行了相应扩展。《企业内部控制基本规范》指出，中国企业的内部控制目标是合理保证企业的经营管理合法合规、保证资产安全、财务报告及相关信息的公允完整、提高经营效率与效果、促进企业实现发展战略。

5.1.1.2 内部控制的构成要素

我国的《企业内部控制基本规范》明确指出，内部控制由以下五大要素共同组成。

1. 控制环境

控制环境是内部控制的重要基础，它明确了企业的内部规章制度，构建了企业的运行框架，塑造了企业文化，对企业各个层级的所有员工的控制意识产生不同程度的影响。《企业内部控制基本规范》将控制环境的要素归纳为公司治理结构、内部机构设置与职责分工、内部审计、人力资源政策、企业文化和法制环境这六个方面。

2. 风险评估

任何企业在其经营过程中都会面临风险，有些来自企业内部，有些来自企业外部，对其经营目标产生或多或少的影响。为此，对这些风险的合理评估，成为企业经营目标能否最大限度地实现的关键。《企业内部控制基本规范》将风险评估的要素归纳为确定风险承受度、识别风险（包括内部风险和外部风险）、风险分析和风险应对四个方面。

3. 控制活动

控制活动是核心，它体现在公司经营的方方面面，其主体包括各个阶层、各个职能部门的公司所有员工。具体流程为企业管理层辨认识别企业在经营过程中所面临的各种风险，随后为防范这种风险发出具有针对性的控制指令。根据该指令，公司对应职能部门制定相应的政策或者采取相应的措施，确保指令得以保质保量完成。根据《企业内部控制基本规范》，控制活动包括不相容职务分离、授权审批、会计系统控制、财产保护、预算、运营分析和绩效考评等七大方面。

4. 信息沟通

在信息化社会中，企业在运营过程中每天会接受和处理成千上万来自企业内部、企业外部的信息，搭建有效的信息系统是信息得以被快速处理的先决条件。除此之外，有效的沟通也是信息得到高质量处理的必要条件。当企业管理层下达控制指令信息之后，公司所有员工必须清楚辨认识别指令信息所表述的确切内容，清楚明晰地了解自己所应该承担的控制责任。同时，在具体执行过程中，保证沟通渠道畅通，保持与外界包括上下级部门、顾客、政府主管机关、供应商等的有效沟通，使信息得以高效传递及执行。因此，信息与沟通是公司内部控制不可或缺的手段。

5. 监控

各项内部控制政策及措施，均由公司员工来设计、制定完成，同时，也由公司全体员工来执行与遵守。但人作为最不可控的变量，若没有外部的监督管理，很难及时、有效完成各项内部控制指令使公司得到最大程度的发展，因此，内部控制系统需要被监督。内部监督是内部控制体系持续、有效运作的重要保障。

总体而言，内部控制五大要素之间是互相协作、动态调整、相互依存且不可分离的整体关系。

5.1.2 内部控制质量的评价

内部控制质量的评价，是内部控制发展到一定阶段的必然产物。内部控制理论从初期的内部牵制发展到后来的内部控制时，审计工作人员开始将注意力转向内部控制评价问题。1936年，美国注册会计业协会（AICPA）和美国联邦储备委员会的《独立会计师对会计报表的验证》最早提出了内部控制质量的评价这一概念。随着内部控制的逐渐发展、完善，到20世纪40年代后期，由于审计工作本身的需要，以及企业内部控制系统在企业稳步发展、扩大营业规模、提高企业市场占有率过程中的关键性作用，美国及其他西方发达资本主义国家普遍认识到内部控制评价在审计工作中的重要性。从审计工作本身的需要看，20世纪初期，经济不断发展使各种形式的公司出现，且规模不断扩大，这在工作量和难度上都给审计工作带来诸多困难，审计人员越来越感到传统的审计方法已难以满足现实的审计目标。在此背景下，以评价内部控制为基础的抽样审计方法逐渐发展起来，该方法能够在减少审计人员工作量的同时提高审计效率，而且能使审计结果更准确，保证了审计效果。从企业方面看，20世纪60年代后期，世界经济的持续快速发展也使得经济危机接连发生，市场经济带来的激烈竞争加上企业所面临市场需求的剧烈波动，都要求企业管理者加强内部控制。在此背景下，改进与完善内部控制有着十分必要的意义。

为了进一步提升企业内部控制效率，在2002年颁布的《萨班斯—奥克斯利公司治理法案》（《SOX法案》）对内部控制评价提出了明确要求。它要求，企业需要自我评估内部控制执行情况，董事会或者相对应的主管部门也需要对企业内部控制效果实时评估，根据实际情况，通过评估体系给出相应的评估结果，并在此基础上，出具真实可靠的评估报告。除了内部自我评估之外，企业外部审计人员或组织审计评估亦不可缺少，在对企业进行实地调查走访之后，依据公认的评估体系，对企业的评估报告出具真实可靠、极具参考价值的审计报告。近年来，内部控制评价开始由定性评价向定性评价与定量评价结合的方向转变。

评价是一种有意识、有目标的运动过程，整个评价过程围绕目标展开，实现既定的目标是这一过程的核心。评价企业内部控制必须以客观、可靠的参照标准为基础，而这一标准的建立必须围绕评价目标展开。换而言之，内部控制评价指标的确立应该围绕评价目标，内部控制评价指标对评价过程的顺利展开、评价目标的实现有着关键性作用，指标与目标之间并非简单的单向影响，而是相互作用、彼此促进，最终实现评价目标。因此，进行内部控制评价过程先要对评价目标有着清晰的界定，之后，所建立的评价指标体系要能够充分体现所确定的评价目标，并在逻辑上保证评价的合理性。内部控制评价的二级指标，被业界普遍认可和接受的是按其五大组成要素进行划分，包括内部环境评价、风险活动评价、控制活动评价、信息与沟通评价以及内部监督评价。其具体评价步骤为，对二级指标做量化处理，每个二级指标设定一个具体的分值，同时，结合企业管理水平进行客观打分，形成一个指数。在评价过程全面展开后，要严格遵守评价指标的要求。就企业内部控制的本质而言，内部控制评价是一个由适当的评价指标、指标执行的有效性所构成的二维向量矩阵系统，如图5.1所示。

	不适当	基本适当	适当
有效	不适当、有效Ⅲ	基本适当、有效Ⅳ	适当、有效Ⅸ
基本有效	不适当、基本有效Ⅱ	基本适当、基本有效Ⅴ	适当、基本有效Ⅷ
无效	不适当、无效Ⅰ	基本适当、无效Ⅵ	适当、无效Ⅶ

图 5.1　内部控制评价矩阵

图5.1中被分为九个区域。处于区域Ⅰ的企业表示其内部控制基本处于失控状态；区域Ⅸ的企业拥有指标健全、执行有效的内部控制系

统，处于这一区域的企业，能够保证企业经营目标得以实现；处于其他区域的企业，其内部控制状态均存在一定程度的问题：或者在指标设计上有漏洞，或者指标未能得到贯彻落实。所以，在评价企业的内部控制系统时，仅仅从指标的健全性和合理性来衡量是不够的，指标能否得到有效落实也应当给予相当的重视。从图 5-1 看，处于右上角的企业其内部控制系统处于最佳状态，企业的经营目标有保障。企业从左下角向右上角趋近的过程，代表了企业内部控制状态逐渐改善的过程。内部控制评价指标应当以实现企业经营目标为逻辑起点，并围绕该目标建立企业内部控制系统。具体来说，就是"保证内部控制的适当性，并促使其有效执行"。

在已有的关于内部控制质量评价方法的外文文献中，大多数以 COSO 报告中提出的内部控制三目标、五个要素为标准进行研究。埃·帕索（EI Paso，2002）在 COSO 报告的基础上，构建了包括 93 个指标的内部控制评价指标体系。黄·S. M. 等（2008）依据 COSO 报告分解出 56 个指标作为特征属性，建立了一套内部控制风险测度和评估系统。黄·S. S. 等（2004）根据 COSO 报告建立了在 ERP 环境下由五个维度、28 个评价指标构建的内部控制评价体系。摩尔兰（Moerland，2007）为保证企业内部控制目标的实现，创设了企业内部控制质量指数披露系统，并根据该指数系统对包括芬兰、英国、瑞典、挪威等国家在内的多个西欧发达国家上市公司 2002~2005 年的内部报告进行了深入研究。

中文文献对于内部控制质量评价方法的研究，主要是两种思路，一种思路是借鉴外文文献，从对内部控制进行综合评分的角度衡量内部控制质量。如王立勇等（2004）运用统计学和可靠性理论创建了用于内部控制系统评估分析的抽象数学模型，该模型可以用来计算控制程序和控制系统的可靠度，并判断内部控制的有效性。陈汉文（2010）以内部控制五要素作为评价对象构建了内部控制评价指标系统，以内部控制指数来评价和反映中国上市公司的内部控制建设情况。另一种思路是以上市公司是否自愿进行内部控制信息披露或者进行内部控制审计为标准，来衡量内部控制质量。如吴益兵（2009）、方红星和金玉娜

（2011）等。

为了使内部控制评价在各个公司之间存在可比性，制定一个兼具科学性、实用性、有效性的评价指数显得尤为重要，也迫在眉睫。为此，中山大学和深圳市迪博企业风险管理技术有限公司强强联手，联合组建了财政部会计重点科研课题（项目批准号：010KJB008）课题组以及国家自然科学基金重点项目"基于中国情境的企业内部控制有效性研究"（课题号：71332004）课题组协作研发制定内部控制评价体系及内部控制指数。最终于2011年8月发布了中国首个专业、权威的内部控制评价指数——迪博·中国上市公司内部控制指数。该指标体系由内部环境19个三级指标、风险评估八个三级指标、控制活动12个三级指标、信息与沟通六个三级指标、监督检查六个三级指标，辅以会计师事务所出具的评价报告，独立董事和监事会发表的意见等七大部分构成，通过量化评价最终得到内部控制指数值，用于评估企业内部控制措施及各项政策的具体完成程度及完成效果。该指标体系所有数据，均来源于上市公司每年披露的年报、内部控制评价报告、审计报告、公告等公开发布的信息。这一内部控制指数得到了学术界及业界的高度认可，在国内外学术界与实务界都引起了较为广泛而强烈的影响。迪博内部控制指数与陈汉文（2010）的指数之间的差异在于，迪博内部控制指数反映内部控制目标的实现程度，而陈汉文（2010）偏重于对内部控制建设情况的评价。

因此，本书选取迪博内部控制指数对公司内部控制质量进行有效评估。

5.2 理论分析及研究假设

5.2.1 基于委托代理理论的分析

企业是由各利益相关者，包括投资人、债务人、高管团队、员工等所缔结的一系列契约的组合体。委托代理理论认为，由于现代企业所有权与控制权相分离，各利益相关者都是在追求自身效用的最大化，且设定的目标各不相同，使得他们之间在个人目标的实现过程中利益冲突现象较为普遍。逆向选择风险和道德风险，是双方最常见的利益冲突表现。

5.2.1.1　高管团队——股东代理冲突与非效率投资

詹森（1986）最早从委托代理理论的角度来研究企业的投资效率，他给自由现金流下了一个较为明确的定义，他认为企业在满足所有NPV为正的项目需求之后所留存下来的现金流量便是自由现金流。根据股东利益最大化原则，自由现金流将留存企业或作为股利分配，不会再投资于NPV为负的项目。在委托代理制下，高管团队要独自承担风险和成本，却要与股东一起分享努力工作的经营成果，当股东与高管团队的激励不相容，存在不平等现象时，高管团队便会做出利于自身但不一定利于股东的选择，并付诸行动。例如，选择投资于自身利益最大化而非股东利益最大化的投资项目，使得非效率投资得以产生。由于剩余索取权和控制权的不对称性，企业高管团队的收益往往与公司规模成正比，高管团队存在使企业发展规模超出理想规模的内在激励。为了最大化私人收益，并在经理人市场上获得权利、声望和地位，高管团队往往会把所能支配的现金流量都用于企业项目的投资，即使有的投资项目NPV不为正。这与企业投资的最优水平相互违背，从而导致投资过度。

高管团队成员间个体特征存在异质性，基于短视行为、风险规避或消极怠慢等策略，当投资项目风险较高时，或者高管团队的报酬和企业经营效益存在较大程度的边际递减时，均有可能导致高管团队放弃净现值大于0的投资行为，使得投资不足现象在企业内部产生。

5.2.1.2　债务人——债权人代理冲突与非效率投资

债务人以及债权人双方均期望自身利益能够实现最大化，但两者之间同时实现的可能性几乎可以忽略不计。在这样的背景下，大家都希望自身利益最大化先得以实现,此时,两者之间的代理冲突便基于这一不可化解的矛盾而自然产生,主要表现在投资决策中,双方往往意见相左。

投资风险偏好因人而异,债权人以及债务人从自身利益角度出发,对投资风险偏好往往具有不一样的倾向。对于债权人而言,当其投资一个他认为具有投资价值的项目时,其收益及损失便得以固定;但对于债务人而言,当其获得债权人的投资资金之后,其损失有限,但收益无限。基于这样的情形,债务人在不违背双方签订契约的前提条件下,为了最大程度的获得收益,存在将资金投入高风险、高收益项目的可能性。债权人为了防止借款人可能出现道德风险,在贷款协议中会提高利率或者附加限定性条款,并且在选择客户方面也会更加苛刻,导致企业可能不得不放弃一些原本可以接受的项目。

5.2.1.3 控股大股东——小股东代理冲突与非效率投资

当大股东通过持股比例增加或者其他方式达到对公司的实际控制权时,小股东的话语权便被大幅度削弱。这时,两者之间的代理问题便会在两者利益出现冲突时暴露出来。大股东可能为了谋取自身最大化利益而选择扩大投资规模,或者投资那些流动性比较差的公司项目。这一选择往往超过公司的实际需求,从而使公司产生过度投资的情况。这样的选择有利于增加大股东自身对公司的控制性资产,但对于小股东而言,所获得的综合收益效用值将大打折扣。施莱弗和维希尼(Shleifer and Vishny,1997)的研究也证实了这一情况。

5.2.2 基于信息不对称理论的分析

1970年,著名经济学家阿克洛夫(Akerlof)提出了信息不对称这一经典理论。阿克洛夫对旧车市场进行了深度观察和研究,发现一个有趣的现象,卖方为了将旧车卖出高价,会选择性的隐瞒旧车的部分质量问题;而买方在没有掌握全部信息的情况下,往往会根据同"质"低价的原则而购买那些被隐瞒了部分缺陷的车辆,最终导致质低价低的汽车成交情况良好,而质高价高的车辆因长期滞留于市场而被迫退出竞争。

当然,这一现象并不只存在于旧车市场,在所有的交易中都能或多或少地找到它的身影。卖方市场的刻意隐瞒,买方市场的有限信息渠道,使得买卖双方存在信息不对称,资源无法实现最优配置,市场运行效率大打折扣。信息不对称发生的时间不同,所导致的结果也将出现差异,具体可以划分为以下两类,签约前所导致的逆向选择,以及签约所导致的道德风险。

在资本市场上,不同的融资方式其融资成本存在较大差异。融资成本最小的是内源融资,最大的是权益融资。因此,在业界,大家普遍认同权益融资发生时,企业往往在其实际经营过程中存在部分负面信息这一观点,两者存在负相关关系。

信息不对称这一经典理论的存在,使得资本市场往往认为企业在对外发布消息时存在信息隐瞒现象。因此,对于优质企业而言,当企业遇到极具投资价值的项目需要权益融资时,资本市场往往不能精准的获得该信息,因此,在衡量其权益市值时,往往将其过低评估,只能以平均价格为其提供权益资金。代表老股东利益的高管团队为了股东利益的最大化,通常会采用内部融资,放弃权益融资。但有时候,企业内部融资往往不能填补所有的资金需求,这时,企业就不得不放弃这一极具投资价值、能为公司带来正的现金流的项目,投资不足随即产生。而对于劣质企业而言,因信息不对称,投资者无法全面掌握其公司运营动态,使其权益价值在资本市场上因为平均价格而出现高估的现象,其通过权益融资募集资金的意愿程度较高,获得超额资金的可能性也更大,在此现实状态下,劣质企业的投资过度行为就较为明显。

融资约束也是产生非效率投资的原因之一。在有效的金融市场,信贷资金的供需通过利率的自然调整达到平衡。然而,在现实情况下,由于借贷双方对信息的掌握程度不同,借款人对所要投资的项目的内在风险了解程度明显高于贷款人。处于信息劣势的贷款人面临更高的投资风险，为了获得风险补偿，贷款人通常会采取提高资金利率这一方式。这将导致因项目的投资风险低而不愿多付出融资成本的借款人退出市场，项目投资风险高的借款人或者还款能力低的借款人愿意支付额外的风险溢价来获得融资，这种逆向选择增加了贷款人的平均风险水平。

已有研究文献表明，高质量的信息披露可以缓解信息不对称，减少投资者投机行为，并提升企业的投资效率（Healy and Palepu, 2001）。通过对多个国家上市公司的研究，比德尔和希拉里（Biddle and Hilary, 2006）验证了信息披露质量与企业的投资效率正相关，高质量的信息披露减少了外部投资者和企业内部管理层之间的信息不对称程度，并且，高质量的信息披露也是健全有效的公司治理机制发挥作用的结果。比德尔、希拉里和威尔第（Biddle, Hilary and Verdi, 2008）进一步以美国上市公司时间跨度为20年的样本进行研究，发现会计信息披露质量的提高，能显著抑制企业的投资不足和投资过度的非效率投资问题的发生。上述研究印证了通过提高信息披露质量来缓解代理问题和信息不对称，有益于改善企业的非效率投资问题，能有效地提高企业的投资效率。

中文文献研究表明，即使中国与西方国家有所不同，信息披露质量的提高同样与企业的投资效率显著正相关。高质量的会计信息披露能改善契约和监督、减少代理问题和信息不对称，降低道德风险和逆向选择，从而提高公司投资效率，抑制企业投资不足和投资过度等非效率投资情况的发生（李青原，2009）。周中胜和陈汉文（2008）在控制了股票市场的流动性和规模后，发现会计信息披露透明度越高的行业，证券市场资源配置效率越好。并且，会计信息透明度与产权、产品市场竞争等其他公司治理变量对资源配置效率的影响具有互补效应。向凯（2009）的研究发现，会计信息披露质量可以减少企业投资不足和投资过度的非效率投资现象，并且，这种影响机制受融资约束、自由现金流等因素的影响，如果企业面临越来越严重的融资约束，会计信息披露水平就越能缓解公司投资不足的情况；公司拥有越多的自由现金流，会计信息披露质量对企业过度投资的抑制作用越弱。因而，只有在不考虑这些影响因素的前提下,这种关系才显著存在。

基于对上述中外文文献的分析,我们可以得出如下结论,在其他条件一定的情况下,信息披露质量的提高,能减少代理问题和信息不对称的程度,有效地抑制企业的非效率投资行为,提升企业投资效率。

5.2.3 内部控制对缓解代理冲突和信息不对称的影响

内部控制应该包括内部会计控制和内部管理控制。内部会计控制是保证会计信息真实可靠披露全面的重要机制,其主体是会计部门的会计人员;内部管理控制可以通过各部门的相互牵制,来保证经营活动的开展。其中,在信息披露环节,内部控制机制中设置的以独立董事为主要成员的审计委员会,能够对管理层的虚假信息披露(或者是不完全信息披露)起到约束作用。因此,在会计信息的处理和披露过程中,由于内部控制机制的存在,形成了上市公司管理层与会计人员以及管理层和审计委员会的博弈。由此可见,内部控制能影响会计信息的披露质量,从而影响代理冲突和信息不对称的程度。

5.2.3.1 公司管理层——会计人员博弈分析

1. 模型基本假设

(1)参与人:假设博弈模型中两个参与人分别为上市公司管理层和上市公司的会计人员。

(2)策略:假设上市公司管理层可以选择的策略集合为 $M = \{M_1, M_2\} = \{$授意违规披露,不授意违规披露$\}$;管理层有时更委婉的授意是,并不直接要求会计人员造假,而是要求其仅披露符合其经营意图的相关信息,即选择性信息披露。这通常也会对投资者造成潜在损失,这属于不完全信息披露,处理技术上更严谨的做法是对于会计信息质量进行相关模型评估,设定临界值,根据评估值将其归属至 M_1 或 M_2。假设会计人员的策略集合为 $W = \{W_1, W_2\} = \{$执行,不执行$\}$;

(3) 信息：博弈参与人的决策有一定的顺序，后者可根据前者的决策选择自己的策略。

(4) 行动顺序和支付：若管理层"不授意违规披露"（即真实全面及时的信息披露），一般不会发生额外损失，因为此时管理层知道目前公司经营状况良好，管理层和会计人员获得正常的报酬，支付为 (0, 0)（注：括号中前者为管理层的支付，后者为会计人员的支付，下同）。若管理层"授意违规披露"（即造假、不及时或有选择的不完全信息披露），而会计人员"不执行"，则会计人员可能面临公司的减薪、解雇等处罚 P，双方的支付为 (0, -P)。若管理层"授意违规披露"，会计人员"执行"，假设会计信息披露违规被监管部门或者其他信息使用者（即图 5.1 中的自然）发现的概率为 r，则管理层可能会产生额外损失。这个额外损失，可能是因为遭受监管部门查处而缴纳的罚金损失，也可能是被市场潜在投资人通过其他渠道获知上市公司真实的经营状况后，管理层更不被信任所产生的信用损失。此时，需要讨论两种情况：若市场接纳违规披露的会计信息且违规未被查处，公司管理层会得到额外收益 G，会计人员也会得到一定的奖励 b，双方的支付为 (G, b)；若违规信息未被市场接纳或同时被证监部门查处，公司管理层会损失 L，公司会计人员会被取消职业资格或在行业内信誉受损，损失为 H，双方的支付为 (-L, -H)。

则此博弈模型的博弈树，如图 5.2 所示，其中，括号中前者为管理层的支付，后者为会计人员的支付。

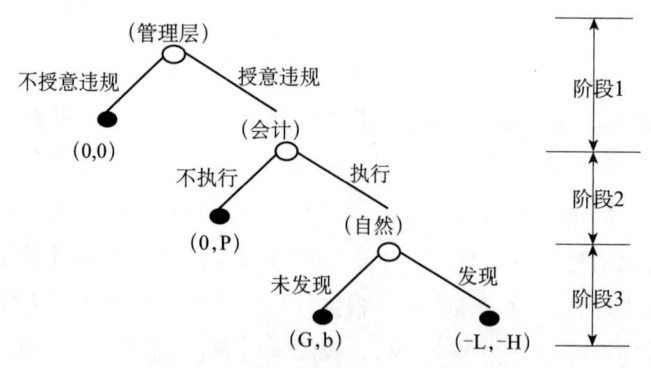

图 5.2 管理层与会计人员的博弈

2. 博弈模型求解

（1）会计人员的选择策略。

在图 5.2 的阶段 3 中，假设监管部门或外部信息使用者能以 r 的概率发现上市公司违规披露会计信息，则公司管理层得到的收益期望值是 G（1－r）－Lr＝G－(G＋L) r，会计人员在执行管理层的违规信息披露授意时的收益期望值是 b（1－r）－Hr。

在图 5.2 的阶段 2 中，若会计人员"不执行""违规披露"授意，则期望收益为－P。当－P＝b（1－r）－Hr 时，会计人员选择"执行"与"不执行"，其期望收益无差别。一般地，会计人员"执行"管理层的违规披露授意后能获得的奖励 b 是有限的，而会计人员由于造假等违规行为被发现后被剥夺会计职业资格或行业内声誉受损所带来的无形损失是无限的[①]，因此，可以假设 b 远远小于 H。所以：

$$r = (b+P)/(b+H) \approx P/H \quad (5-1)$$

即当 r＝P/H 时，会计人员随机地选择执行或不执行；当 r＞P/H 时，会计人员选择不执行，并得到收益为－P；当 r＜P/H 时，会计人员选择执行，收益为 b（1－r）－Hr，（－Hr＞－P）。

（2）上市公司管理层的选择策略。

在图 5.2 的阶段 3 中，由上述分析可知，管理层得到的收益期望值为 G－(G＋L) r。

在图 5.2 的阶段 2 中，在会计人员不执行的情况下，管理层的收益为 0。令 0＝G－(G＋L) r，得：

$$r = G/(G+L) \quad (5-2)$$

即当 r＝G/(G＋L) 时，管理层随机选择"授意违规披露"和"不授意违规披露"；当 r＞G/(G＋L) 时，管理层选择"不授意违规披露"，并得到收益为 0；当 r＜G/(G＋L)，管理层选择"授意违规披露"。

---

① 需要说明的是，如果会计人员执行违规信息披露的程度是有限的，对其从业资格和行内声誉损失的影响可能是有限的，此外，我们指，信息披露质量存在严重的违规，已被归入 M_1 中。

3. 博弈模型的分析

通过对近几年中国资本市场上发生的财务造假案进行统计分析，发现中国证监会对上市公司披露虚假信息的惩罚金额在 30 万至 60 万元之间，相比上市公司因虚假披露或选择性披露等违规信息披露行为所获得的利益，惩罚力度并不大。因此，一般情况下，$r \leqslant P/H \leqslant G/(G+L)$ 是成立的。由式（5-1）和式（5-2）可知，上市公司管理层选择是否"授意违规披露"的概率临界值是 $G/(G+L)$，会计人员选择的概率临界值是 P/H，被监管部门或者其他信息使用者发现的概率为 r。只有使得 $r \geqslant G/(G+L)$ 或 $r \geqslant P/H$，才能避免违规的会计信息披露行为的发生。

（1）H 相当于会计人员"执行"管理层的"违规披露"授意后的风险损失，风险偏好型的会计人员 H 值偏小，风险厌恶型的会计人员 H 值偏大；P 是会计人员不执行"违规披露"授意所受到管理层给予的处罚。因此，降低会计人员"执行"管理层"违规披露"授意的概率（减小 P/H 值），一方面，需要强调会计人员的职业道德感和自身价值认知的培训；另一方面，需要加强内部控制建设，减少上市公司管理层对会计人员工作的干预。

（2）$G/(G+L)$ 值的大小，取决于虚假披露或选择性信息披露等违规行为导致的上市公司管理层获得的额外收益 G 和违规处罚 L，所以，有效地抑制管理层下达违规信息披露授意的概率（减小 $G/(G+L)$ 的值），需要尽可能地降低管理层因为违规信息披露而获得的额外收益，增大违规信息披露的处罚力度。

5.2.3.2 公司管理层——审计委员会的博弈分析

根据委托代理理论，设置独立董事以及审计委员会，是制约管理层损害股东利益尤其是中小股东利益、提高财务信息透明度、降低信息不对称程度的重要内部控制机制。由于审计委员会的主要成员以及召集人均为独立董事，所以，审计委员会监督作用和制约作用能否生效，取决于独立董事是否发挥作用。根据中国证监会的规定，上市公司的独立董事需要由董事会、监事会、单独或者合并持有上市公司已发行股份1%以上的股东提名，并经股东大会选举决定。但是，实际上大部分上市公司的独立董事由董事长、公司高管等内部人提名，这些独立董事可能与管理层存在某种默契或联系，影响了其"独立性"。如果独立董事在履职过程中认真监督，可能会破坏这种私下关系，产生"对抗成本"，致使独立董事在监督与不对抗的合作之间权衡。另外，独立董事行使监督职能，需要投入精力和时间等履职成本，但无论尽职与否，其在上市公司中都只获取固定的津贴，导致部分独立董事偷懒。与管理层合作，或者偷懒而不作为，本质上都是未履行独立董事的法定义务，都是与管理层"合谋"。此外，由于独立董事的能力和精力有限，也导致独立董事难以有效地发挥监督职能。另外，《中华人民共和国公司法》和《中华人民共和国证券法》均对董事（包括独立董事）的法律责任作了明文规定，如果独立董事不尽责导致公司或者投资者遭受损失的，不仅要承担法律责任，还会带来巨大的社会声誉损失。因此，理性的独立董事会考虑管理层是否值得信赖，从而在"合谋"与法律和声誉风险之间作出抉择。此外，由于内部控制机制的存在，上市公司管理层在图谋虚假信息披露时，必然会考虑以独立董事为主的审计委员会对其的制约，权衡违规收益以及可能发生的成本和损失。据此，本书对管理层与以独立董事为主的审计委员会之间的博弈作出如下假设。

1. 模型基本假设

（1）参与人：假设本模型中两个参与人分别为上市公司管理层和以独立董事为主的上市公司审计委员会。

（2）策略：假设上市公司管理层可选择的策略集合为 $M = \{M_1, M_2\} = \{$违规披露，不违规披露$\}$，并假设管理层以 η 的概率选择违规披露；假设审计委员会可选择的策略集合为 $AC = \{AC_1, AC_2\} = \{$合谋，不合谋$\}$，并假设审计委员会以 θ 的概率选择与管理层合谋。

（3）信息：因为参与人双方存在制约与被制约的关系，因此，参与人双方都不能准确地判断对方的选择，仅知道可能的概率分布。

（4）支付：管理层的支付假设为，如果违规披露会计信息，能获得额外收益 G；如果审计委员会不与其合谋，为了违规披露则需要发生违规成本 B，并有 $(1-\rho)$ 的可能性被审计委员会发现其违规，不仅无法获得额外收益 G，还将因被要求整改而发生勤勉经营成本 I；对外违规披露后，可能被证监部门或者信息使用者发现的概率为 r，从而可能面临的罚款为 D，并且，会被证监部门或者股东要求整改而发生勤勉经营成本 I。如果选择不违规披露信息，则只需要为履行受托责任而发生的勤勉经营成本 I。审计委员会的支付假设为，无论尽职与否，获得固定津贴为 V；如果选择合谋，则面临潜在的法律责任损失及声誉损失 F；如果选择监督，将会发生监督成本 S，虽然在管理层违规披露时审查不出问题的概率为 ρ，由于审计委员会已经尽责，可免于受罚，也不会对其声誉造成损失。

管理层与以独立董事为主的审计委员会之间博弈的支付矩阵，如表 5.1 所示。

表 5.1　　　　　　　管理层与审计委员会的博弈支付矩阵

		审计委员会		
		合谋 θ	不合谋 1－θ	
			发现问题 1－ρ	未发现问题 ρ
管理层	违规披露 η	G－r(D+I), V－rF	－B－I, V－S	G－B－r(D+I), V－S
	不违规披露 1－η	－I, V	－I, V－S	－I, V－S

注：在支付矩阵中，前者为管理层的支付，后者为审计委员会的支付。

2. 博弈模型求解

根据上述假设可知，管理层的期望效用函数为：

$$U_3 = \eta \times \{\theta \times [G-r(D+I)] + (1-\theta) \times [\rho(G-B-r(D+I)) + (1-\rho)(-B-I)]\} + (1-\eta) \times (-I) \quad (5-3)$$

对式（5-3）关于 η 求偏导并令其等于零，得管理层效用最大化的一阶条件为：

$$\partial U_3/\partial \eta = \theta \times [G-r(D+I)] + (1-\theta) \\ \times [\rho(G-r(D+I)+I)-B-I] + I = 0$$

因此：$\theta^{*} = [B - \rho \times (G - rD + (1-r)I)] / [(1-\rho)G$
$\qquad - (1-\rho)r(D+I) + (1-\rho)I + B]$ （5-4）

同时，需要满足：

$0 \leq \theta \leq 1$，即 $0 \leq B - \rho \times (G - rD + (1-r)I) \leq (1-\rho)G - (1-\rho)r(D+I) + (1-\rho)I + B$ （5-5）

即如果上市公司审计委员会愿意和该公司管理层合谋的概率为 θ^{*} 时，管理层随机选择披露结果；如果 $\theta < \theta^{*}$，管理层最优选择是"不违规披露"；如果 $\theta > \theta^{*}$，则管理层的最优选择是"违规披露"。

审计委员会的期望效用函数为：

$$U_4 = \theta \times [\eta(V - rF) + (1-\eta)V] + (1-\theta) \times (V - S)$$ （5-6）

对式（5-6）关于 θ 求偏导并令其为零，得审计委员会效用最大化的一阶条件为：

$$\partial U_4 / \partial \theta = \eta(V - rF) + (1-\eta)V - (V - S) = S - \eta rF = 0$$

因此：$\eta^{*} = S/rF$ （5-7）

同时，需要满足：$0 \leq \theta \leq 1$，即，$0 \leq S \leq rF$ （5-8）

根据式（5-7），管理层选择违规信息披露的概率为 η^{*}，审计委员会随机选择"合谋"或"不合谋"；当 $\eta < \eta^{*}$，审计委员会的最优选择是"合谋"；如果 $\eta > \eta^{*}$，审计委员会的最优选择是"不合谋"。

联立式（5-4）和式（5-7）可得，管理层与审计委员会博弈的均衡解为：审计委员会以 $\theta^{*} = [B - \rho \times (G - rD + (1-r)I)] / [(1-\rho)G - (1-\rho)r(D+I) + (1-\rho)I + B]$ 的概率选择合谋，而管理层同时以 $\eta^{*} = S/rF$ 的概率选择违规信息披露时，双方都得到最大的期望效用。

3. 博弈均衡的基本分析

从管理层与审计委员会的博弈中可以发现，要发挥内部控制在会计信息披露过程中的积极影响，促使管理层尽可能地不进行违规信息披露，需要做到以下几点：

从式（5-4）可以看出，审计委员会在管理层选择违规披露时审查不出问题的概率 ρ 的大小与审计委员会合谋的概率 θ 之间存在正向的关系，即当审计委员会由于会计专业知识不足或者缺失责任心、审查不出

问题的概率 ρ 越大时，审计委员会越倾向于选择与管理层合谋。因此，为了降低审计委员会与管理层合谋的概率，充分发挥内部控制机制的作用，需要提高审计委员会成员的会计专业知识水平，或者提高会计专业人士在审计委员会中的比例。

由式（5-4）和式（5-7）可知，上市公司作出违规会计信息披露后被发现的概率 r 的大小，也会影响管理层选择违规信息披露的概率以及审计委员会选择合谋的概率。如果 r 越大，式（5-4）和式（5-7）的值都将会越小，说明加强外部监管，提高发现上市公司违规信息披露的概率，将有效地降低上市公司管理层选择违规披露的概率，提高会计信息披露质量。同时，也会降低审计委员会选择合谋的概率，促使其尽责，提高内部控制质量。

根据式（5-8），必须满足 $S<rF$，即应当让审计委员会及其成员因为合谋造成的声誉损失或者受到的惩罚成本大于其认真履职进行审查所发生的成本。因此，需要加强对审计委员会的约束。比如，对不尽责的审计委员会及其成员进行曝光，建立黑名单制度，禁止因为不尽责而被曝光的成员再进入任何一家上市公司的审计委员会，同时，对"花瓶"式的独立董事及其他审计委员会成员进行处罚，使得其因为声誉受损造成的损失或者承担的罚款要远远大于其与管理层合谋所带来的收益，这样，才能使审计委员会真正发挥其作为内部控制机制的重要制度安排的作用。

5.2.4 内部控制对投资效率的治理

如前文所述，内部控制体系完善与否，对企业能否健康、可持续发展起着至关重要的作用。在《企业内部控制基本规范》中明确提到，内部控制本质上是一种监督体系，用于监督控制企业经营活动中的各个环节及所涉及的各类风险。高质、高效的内部控制体系能快速生产、传递、执行高质量的信息，所制定的各项经营管理制度也更加科学有效，同时，企业内外部信息不对称程度也将得到一定程度的降低，从而对企业投资行为及投资效果起到显著的提升作用。下面，将从内部控制五大要素出发，具体分析内部控制与企业投资效率的内在逻辑关系。

5.2.4.1 内部控制环境

正如前文所述，高管团队和股东之间存在的委托代理关系，会使高管团队为了一己之私做出投资过度或投资不足的决策。只有当高管团队与股东利益协同时，才能最大限度地避免非效率投资行为的产生，提升企业的投资效率。控制环境通过制定相关的规章制度，明确了企业的经营目标，确立了企业的组织架构、运行流程，培育了企业的内部文化，从本质上对企业所有员工的职责进行了明确的划分，对企业的各项经营活动进行了明确规划。因此，科学、合理的内部控制环境能够使高管团队的激励与约束发挥最大作用，有效地缓解高管团队与股东之间的利益冲突，规范高管团队的个人行为，使其做出的各项决策与公司长效发展相一致，最大限度地降低高管团队道德风险发生的概率，非效率投资行为得到抑制。

5.2.4.2 风险评估

高管团队在进行项目投资前，必将对所要投资的项目进行风险评估。但由于信息不对称的存在，将会增加高管团队对其投资项目的风险识别难度，从而过高或过低地估计所投资项目的风险。当过高估计投资项目风险时，高管团队可能会选择放弃，从而错失了良好的投资机会，也使企业出现投资不足的境况；当过低估计投资项目风险时，高管团队可能会追加对这一项目的投资，从而导致企业投资过度。对于股东而言，能否有效地识别投资项目的风险并对其投资风险及投资价值进行合理评估，将是能否最大限度地约束高管团队做出利己但不利于企业发展的投资决策的本质所在。但信息不对称同样使其对投资项目风险的识别和评估存在很大的阻碍。因此，建立科学、合理的风险评估体系，对优化投资效率、约束高管团队的非效率投资行为起到正面的提升作用。

5.2.4.3 控制活动

控制活动是公司为了确保自己的发展目标所采取的防范以及规避预期风险的各项具体措施。高水平的内部控制必定伴随着制度化、体系化的控制活动，覆盖公司的各个层级、各个职能以及各项业务流程。实现企业内部各个层级的利益相关者相互制衡，保证企业内部的各种契约得以有效执行，防范和化解委托代理问题所带来的利益冲突。例如，企业对投资决策行为构建一套完整的控制体系，包含授权审核、高管团队绩效评估、风险预警等内容，可以有效地约束、纠正企业的错误、不合理的投资行为，提高企业投资效率。

5.2.4.4 信息沟通

完善通畅的信息渠道、良好的沟通，是有效地降低契约双方信息不对称性的重要前提。高质量的内部控制，必定伴随着高质量的信息沟通体系。对内，意味着企业的各方利益相关者之间信息沟通顺畅有效，双方相互信任又相互制约，可有效地防范企业非效率投资行为的产生；对外，可让外部投资者对企业现实境况有更为深入的了解，当企业遇到极具投资价值的投资机会时，能快速地被市场接受和认可，以合理的权益价格募集到足够的资金，有效地避免投资不足现象的产生。

5.2.4.5 监督

没有外在的约束，高管团队将只从自我利益最大化角度出发做出各个投资决策，这必将增加企业的不合理、非效率的投资行为。因此，必须加强内外部的监督。加强内部监督，可以及时发现并纠正投资决策中的个人主义行为。高管团队作为公司的实际经营者，需要对企业的其他利益相关者，例如，股东、债权人等负责，同时也需要接受来自他们的外部监督。对外出具反映财务状况及经营成果的财务会计报告、加强审计，提高对公司错报、漏报以及误报的风险应对能力，提升企业财务会计报告的可靠性和公允性，对经营者的财务舞弊进行有效监督，缓解信息不对称和代理问题带来的投资不足，或是投资过度等非效率投资问题。

根据上述分析本书认为，加强内部控制建设、提高内部控制质量，能够形成投资决策的完整控制体系，减少代理问题，缓解信息不对称和融资约束带来的非效率投资，从而提高投资效率。因此，提出如下待验证假设：

H5.1：内部控制质量与非效率投资负相关，内部控制质量越高的公司，非效率投资行为越少；内部控制质量越低的公司，非效率投资行为越多。

由于非效率投资有投资过度和投资不足两种情形，而上述理论分析阐明了内部控制能抑制投资过度、减少投资不足，因此，在假设 H5.1 的基础上，进一步提出：

H5.1a：内部控制质量与投资过度负相关，内部控制质量越高，越能抑制投资过度的发生；

H5.1b：内部控制质量与投资不足负相关，内部控制质量越高，越能减少投资不足的发生。

5.3　内部控制对投资效率影响的实证检验

5.3.1　样本与数据

本章样本的选取同第 3 章及第 4 章，选取中国创业板上市公司 2010～2015 年的年度数据，删除数据缺失以及内部控制指数为 0 的异常值之后，获得 396 家样本公司共 1552 个样本数据。其中，投资过度组为 708 个样本，投资不足组为 844 个样本。内部控制指数，来自迪博内部控制数据库；投资效率采用第 3 章的计算结果；其他财务数据，来自锐思（RESSET）数据库。

5.3.2 变量选择与定义

5.3.2.1 投资效率

与第3章一致，投资效率定义为实际投资规模与最优投资规模的差额，如果差额等于0，说明投资有效率；如果差额大于0或者小于0，则说明投资非效率。并且，采用第3章的计算结果来度量投资效率。

5.3.2.2 内部控制质量

采用迪博公司发布的内部控制指数衡量。由于选取的样本公司的内部控制指数介于233.97~778.98之间，为了消除规模对回归结果的影响，对内部控制指数取自然对数，作为内部控制质量的代理变量。

5.3.2.3 其他研究变量

如第3章和第4章的分析，影响企业投资效率的，除了内部控制质量，还有企业规模、杠杆的利用程度、投资机会、收益率、股权集中度、自由现金流量等因素。

主要变量定义，如表5.2所示。

表5.2　　　　　　　　内部控制相关主要变量定义

变量	变量含义	变量定义
EFF	投资效率	理查德森（2006）模型回归残差的绝对值
OI	投资过度	理查德森（2006）模型回归残差>0
UI	投资不足	理查德森（2006）模型回归残差>0时的绝对值
Icq	内部控制质量	迪博内部控制指数取自然对数
SIZE	资产规模	期末资产总额的自然对数
Q	投资机会	托宾Q
LEV	杠杆程度	资产负债率
ROE	收益率	净资产回报率
HOWN5	股权集中度	根据前5名股东持股计算的赫芬达尔（Herfindal）指数
EFCF	自由现金流量	（息前税后利润+折旧与摊销-营运资本增加-资本支出）/总资产
DD	独立董事比重	独立董事人数/董事会总人数

5.3.3 模型设计

在综合已有文献并结合中国创业板上市公司实际情况的基础上,构建模型(5-9)以检验内部控制质量对投资效率的影响。

$$\mathrm{EFF}_{i,t} = \alpha_0 + \alpha_1 \mathrm{ICQ}_{i,t} + \alpha_2 \mathrm{SIZE}_{i,t} + \alpha_3 Q_{i,t} + \alpha_4 \mathrm{LEV}_{i,t} + \alpha_5 \mathrm{ROE}_{i,t}$$
$$+ \alpha_6 \mathrm{HOWN5}_{i,t} + \alpha_7 \mathrm{FCF}_{i,t} + \varepsilon_{i,t} \qquad (5-9)$$

在式(5-9)中,被解释变量分别由 EFF(全样本)组、OI(投资过度)组和 UI(投资不足)组来衡量。

5.3.4 描述性统计与分析

5.3.4.1 样本公司内部控制指数统计分析

根据从迪博内部控制数据库中筛选出的 396 家样本公司 1 552 个内部控制指数,样本公司中内部控制指数最低为 233.97,最高为 778.98,平均值为 663.29,中位数为 677.61,有 97.24% 的样本公司内部控制指数分布在 500~750。以平均值作为中轴线,内部控制指数未超过均值的样本有 609 个,占全部样本的 39.24%;内部控制指数在均值以上的样本有 942 个,占全部样本的 60.70%。

按照迪博四级八档分类标准,[①] 样本公司的内部控制处于 C 级~BBB 级,没有一个 A 级及 A 级以上级别的。其中,C 级合计有 193 个,占全部样本的 12.30%;B 级合计有 924 个,占全部样本的 58.89%;BB 级有 435 个,占全部样本的 27.72%;BBB 级合计有 17 个,占全部样本的 1.08%。根据迪博公司发布的《中国上市公司 2016 年内部控制白皮书》,2015 年度,中国上市公司内部控制整体水平为:内部控制评级为 AAA 级

---

① 迪博公司根据内部控制指数的大小,将内部控制分为四级八档:900 以上,AAA 级;850~900,AA 级;800~850,A 级;750~800,BBB 级;700~750,BB 级;600~700,B 级;100~600,C 级;100 以下,D 级。

的公司为 0 家；评级为 AA 级的公司有 3 家，占比为 0.12%；评级为 A 级的公司有 30 家，占比为 1.16%；评级为 BBB 级的公司有 82 家，占比为 3.17%；评级为 BB 级的公司有 419 家，占比为 16.21%；评级为 B 级的公司有 1 479 家，占比为 57.21%；评级为 C 级的公司有 451 家，占比为 17.45%；评级为 D 级的公司有 121 家，占比为 4.68%。相比较而言，中国创业板上市公司的内部控制质量总体不是很高，且标准差 60.616 相对较高，反映出中国创业板上市公司内部控制质量差异很大。

创业板上市公司分年度和地区进行统计的情况，如表 5.3、表 5.4 所示。

表 5.3　　　　样本公司分年度内部控制指数描述性统计

年份	均值	中位数	标准差	样本数（家）
2010	637.031	652.940	69.718	391
2011	668.118	676.030	62.237	349
2012	662.254	673.940	56.085	349
2013	683.218	691.810	48.186	276
2014	683.332	692.585	40.594	152
2015	674.813	683.000	39.422	35

资料来源：作者根据迪博内部控制与风险管理数据库相关数据整理计算而得。

根据表 5.3 的分年度描述性统计，随着创业板上市公司数量的逐年增加，创业板上市公司内部控制指数的均值虽有波动，但总体呈下滑趋势；说明有可能 2014 年及之后上市的公司，内部控制不健全；也有可能是前期上市的公司随着时间的推移，内部控制的缺陷慢慢显现出来。

表 5.4　　　　样本公司分地区内部控制指数描述性统计

地区	均值	中位数	标准差	样本数（家）
华东	663.896	677.360	62.355	620
华南	663.563	677.680	60.737	340
华北	670.035	682.090	53.351	294
其他	655.059	671.500	63.850	298

资料来源：作者根据迪博内部控制与风险管理数据库相关数据计算整理而得。

根据表 5.4 的分地区描述性统计，各地区创业板上市公司的内部控制质量差异不是很明显。相对而言，华北地区创业板上市公司的内部控制总体质量最好，因为均值最大，标准差最小。华东地区和华南地区的创业板上市公司的内部控制总体相当。其他地区的创业板上市公司的内部控制质量相对较弱。

5.3.4.2 主要变量的描述性统计

表 5.5 是本章主要变量的描述性统计结果。其中，内部控制指标是对前述迪博内部控制指数已经取自然对数后的结果。根据投资过度组与投资不足组的配对均值 t 检验，以及 Wilcoxon 符号秩检验，除了上述两组的投资效率之外，其他变量在两组之间均不存在显著差异。

表 5.5　　式（5-9）相关变量的描述性统计

变量	样本组	均值	中位值	最大值	最小值	标准差	T 值	Z 值
EFF	全样本	0.077	0.046	2.033	0.000[a]	0.119	8.368 (0.000)	-7.743 (0.000)
	投资过度	0.101	0.051	2.033	0.000[b]	0.156		
	投资不足	0.054	0.042	0.724	0.000[c]	0.057		
ICQ	全样本	6.491	6.52	6.66	5.46	0.109	-0.833 (0.405)	-1.054 (0.292)
	投资过度	6.491	6.520	6.660	5.470	0.111		
	投资不足	6.493	6.520	6.660	5.460	0.103		
EFCF	全样本	-0.073	-0.013	0.371	-2.446	0.202	-1.496 (0.135)	-1.597 (0.110)
	投资过度	-0.075	-0.012	0.346	-1.495	0.192		
	投资不足	-0.065	-0.011	0.371	-2.446	0.202		
DD	全样本	38.917	37.5	75	0	9.131	-0.717 (0.473)	-0.776 (0.438)
	投资过度	38.739	37.500	66.670	16.670	8.785		
	投资不足	38.824	37.500	75.000	0.000	9.310		
HOWN5	全样本	0.148	0.127	0.482	0.002	0.087	1.225 (0.221)	-0.923 (0.356)
	投资过度	0.149	0.128	0.482	0.006	0.087		
	投资不足	0.146	0.127	0.476	0.002	0.087		
SIZE	全样本	21.065	20.97	23.89	19.544	0.662	0.330 (0.742)	-0.020 (0.984)
	投资过度	21.073	20.970	23.890	19.563	0.692		
	投资不足	21.034	20.959	23.608	19.544	0.625		
LEV	全样本	25.602	22.794	88.643	1.105	15.846	-0.191 (0.849)	-0.562 (0.984)
	投资过度	25.317	22.690	88.643	1.397	15.863		
	投资不足	25.606	22.482	84.253	1.105	15.759		
ROE	全样本	5.511	5.392	37.252	-36.845	5.041	-0.895 (0.371)	-1.354 (0.176)
	投资过度	5.441	5.168	37.252	-36.845	5.517		
	投资不足	5.732	5.696	27.322	-26.987	4.514		

续表

变量	样本组	均值	中位值	最大值	最小值	标准差	T值	Z值
Q	全样本	4.337	3.339	89.448	1.082	4.259	-0.590 (0.556)	-1.240 (0.215)
	投资过度	4.094	3.067	89.448	1.082	4.297		
	投资不足	4.455	3.525	51.886	1.209	4.027		

注：a、b、c表示投资效率的最小值为0，是由于四舍五入只保留三位小数所致，全样本和投资不足组的投资效率最小值为0.0000349；投资过度组的投资效率最小值为0.0000128。T统计值为投资过度组与投资不足组相关变量的均值t检验；Z统计量为投资过度组与投资不足组相关变量的Wilcoxon检验。括号中的数字，是t检验及Wilcoxon检验的显著性水平。

资料来源：本书第3章计算的投资效率在迪博内部控制与风险管理数据库、锐思（RESSET）数据库相关数据基础上整理计算而得。

5.3.5 回归分析及其结果

通过EViews 6.0软件，Hausman检验，三组中的检验统计量分别为21.34（0.0033）、25.22（0.0007）和20.89（0.0039），因此，选用非平衡面板数据固定效应模型，分别对全样本、投资过度组以及投资不足组进行回归，回归结果如表5.6所示。

表5.6　　　　内部控制指数与投资效率的回归分析

	全样本		投资过度组		投资不足组	
	系数	T值	系数	T值	系数	T值
常数项	0.384	6.241	0.573***	6.099	0.114***	2.833
ICQ	-0.037**	-2.456	-0.025*	-1.839	-0.027*	-1.948
DD	-0.005***	-5.529	-0.007***	-4.615	-0.001	-0.048
HOWN5	0.056***	7.854	0.052***	3.985	0.029***	4.451
ROE	0.001**	2.438	0.004**	2.325	0.002	1.403
SIZE	-0.014***	-9.745	-0.012***	-7.830	-0.006***	-5.299
LEV	-0.003***	-7.544	-0.001	-1.382	-0.002***	-6.281
Q	0.005***	15.823	0.005***	6.449	0.002***	10.790
EFCF	-0.274***	-52.992	-0.312***	-21.654	-0.207***	-95.918
Adj. R^2	0.724		0.745		0.935	
F值	476.968		246.187		1413.114	

注：*、**、***分别表示在1%、5%、10%水平上显著。

从内部控制指标变量 ICQ 的系数显著为负可以看出，无论是分组回归还是全样本回归，创业板上市公司内部控制质量对投资效率（非效率投资）的作用还是极其重要的。内部控制质量能够有效地抑制非效率投资，减少投资过度和投资不足的发生，提高企业的投资效率，验证了研究假设 H5.1 以及研究假设 H5.1a 和研究假设 H5.1b。内部控制质量对投资不足的抑制效果，要稍微好于对抑制投资过度的效果。

独立董事的监督约束机制，在回归结果中得到了体现。表 5.7 中的回归结果显示，在全样本组和投资过度组，独立董事在董事会中的占比（DD）与非效率投资呈显著的负相关关系；在投资不足组中的这种负相关关系不显著。表 5.7 中的回归结果表明，独立董事能较好地抑制所服务公司的投资过度行为。其余控制变量的系数表现三组基本一致，符号方向也与第 4 章分析人力资本时的情况出入不大，在此不再讨论。

另外，由于地区间的内部控制质量差异不明显，因此，未进一步按地区分组检验内部控制对投资效率的影响。

5.4 本章小节

本章从理论和实证两方面分析并检验了内部控制对投资效率的影响。主要结论如下：

（1）根据委托代理理论和信息不对称理论，代理冲突引起的逆向选择和道德风险问题，以及企业内外部相关关系人之间的信息不对称，将会导致企业非效率投资行为的出现。中外文相关研究文献表明，高质量的会计信息披露能有效地缓解代理冲突和信息不对称问题，从而抑制非效率投资、提高企业的投资效率。而通过企业管理层与会计人员及审计委员会的博弈分析发现，企业的内部控制机制能对企业管理层产生约束，从而影响企业的会计信息披露质量，相应地缓解代理冲突和信息不对称，影响企业的投资效率。

（2）根据深圳迪博公司发布的内部控制指数，中国创业板上市公司的内部控制质量总体不是太高。虽然不同地区创业板上市公司的内部控制指数差异不大,但是不同年度之间存在较明显的差异,且内部控制指数最小值在逐年下降,有可能是每年新上市公司的内部控制质量逐年下滑,也可能是已上市公司的内部控制质量不仅没改善,反而在逐年恶化。

(3)回归结果表明,无论是全样本,还是投资过度组或者投资不足组,中国创业板上市公司的内部控制质量与非效率投资均显著负相关,表明高质量的内部控制能有效地抑制非效率投资、减少投资过度或投资不足,从而提升企业的投资效率。

第6章 人力资本、内部控制对投资效率的交互影响

高管团队人力资本和内部控制,是影响和保证企业生存及发展的重要的"人"和"制度"因素。前文已经验证了这两个因素分别能有效地减少企业非效率投资的发生,对提升企业投资效率有显著的积极作用。本章将重点研究"人"和"制度"两个因素共同作用之下,将会对企业投资效率产生更强的积极作用还是消极作用。

6.1 高管团队人力资本与内部控制的相互作用机理

6.1.1 高管团队人力资本影响内部控制有效性的机理

高管团队人力资本对内部控制质量影响作用的机理,可以从制度和理论两个层面进行分析。

6.1.1.1 制度层面

根据2008年中国财政部会同中国证监会、审计署、中国银监会和中国保监会等五部委联合制定发布的《企业内部控制基本规范》,内部控制的实施主体是董事会、监事会、管理层与全体员工。这从政策层面上说明,企业内部控制是以"人"为核心的制度建设行为(池国华等,2014)。由公司董、监、高所组成的高管团队,承担着建立、健全内部

控制制度及保证其得到有效执行的双重责任。因此，高管团队的人力资本必然对内部控制产生影响，并对内部控制质量的提升发挥重要作用。

6.1.1.2 理论层面

根据人力资本理论，高管团队人力资本是高管团队成员通过接受教育、培训或实践等方式获得的相应技能及知识，是一种非物力资本，但是依然可以产生价值并且给人力资本的载体——高管团队成员带来收益。根据科斯的企业理论，企业是由土地、资本等生产要素的提供者与劳动者之间的契约构成的集合体，劳动者以其人力资本参与这一契约。周其仁（1996）认为，企业是人力资本（企业家的、经理的以及工人的）与非人力资本的特殊合约。也就是说，在企业这一契约集合体中，人力资本与物力资本共同组成了企业契约组合。如本书第4章的分析，不同于物力资本，人力资本有其自身特点，因而分析高管团队人力资本对内部控制质量的影响应当建立在人力资本特点的基础之上。

作为有限理性的经济人，高管团队的行为选择受其认知能力、职业能力、经营理念和风险意识以及价值观因素的影响。根据第4章基于人力资本理论和高阶理论对高管团队人力资本的分析，高管团队人力资本的年龄、受教育程度、任职年限和职称四个维度的特征变量，分别反映或影响高管成员的社会行为、风险偏好、社会认知和知识储备，以及技术技能、专业背景及专业水平、经验和价值观等。高管团队人力资本体现了高管团队成员们的认知水平和理念、能力和职业操守、风险意识和偏好以及道德观和价值观等，而这些因素决定着他们的行为方式和行为选择。由于存在代理问题以及信息不对称问题，在制定内部控制制度时，高管团队可能因为逆向选择导致制度本身不完善；在实施内部控制的过程中，因为道德风险，导致制度得不到有效执行。因此，基于高管团队人力资本—认知模式—行为选择—内部控制质量的路径，作为企业内部控制的建设主体和实施主体，最终影响内部控制的建设效果和实施效果，决定了内部控制质量。

另外，根据内部控制理论，内部控制五要素中的基础要素——控制环境，指的是对建立、加强或削弱特定政策、程序及其效率产生影响的各种因素，包括组织结构、人力资源政策等，以及管理层的经营理念和风格、风险意识和风险态度、职业能力和职业操守，以及道德观和价值观等因素，这些因素又受高管团队人力资本的决定或影响。控制环境是内部控制的重要基石，决定了内部控制的结构和控制基调。只有具备良好的控制环境，内部控制中的风险评估、内控活动、信息与沟通和监督四个要素才能够充分发挥作用，从而提升内部控制质量。

因此，制度和理论两个层面都反映出内部控制质量受高管团队人力资本的影响，影响机理如图 6.1 所示。

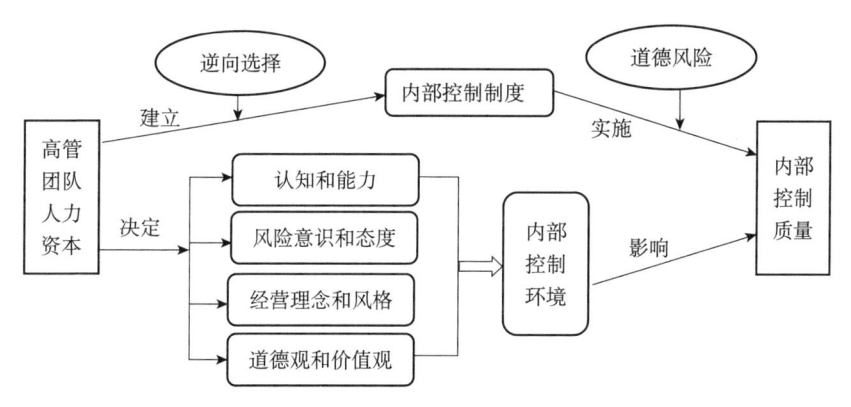

图 6.1 高管团队人力资本对内部控制质量的影响机理

6.1.2 内部控制对高管团队的制约机理

松德尔和西尔特（Sunder and Cyert，1997）在其著作《会计与控制理论》（*Theory of Accounting and Control*）中认为，内部控制事实上是对企业内部要素之间交易的约束机制，使这些交易公平、合理，保证交易各方能够获得与自身价值和投入等值的收益，并且减少交易过程中的博弈。企业内部控制通过内控活动和监督，能够对企业经营过程中的要素交易控制和监督，保证资源有效合理的配置、降低交易过程中的成本和费用，从而提升企业的经营效率和经济效益。

根据第 5 章的分析，健全、有效的内部控制能够治理委托代理关系下高管团队与股东的代理问题。首先，由于内部控制是公司治理内部机制中重要的监督机制和约束机制，完善的公司治理中的激励机制和约束机制、高质量的内部控制的控制机制和监督机制，能够对高管团队产生有效制约，降低代理成本，避免高管团队产生道德风险，减少高管团队中各种败德行为的发生。其次，高质量的内部控制中的风险评估、控制活动和监督机制，能有效地对高管团队的行为选择产生约束，减少高管团队与股东的利益冲突，尽可能地避免高管团队做出非理性的决策，保证企业的日常经营决策以及投资行为符合其自身发展战略，并保证企业的发展战略与其自身的发展现状和所处的环境相符。最后，高质量的内部控制中的信息与沟通机制，一方面，能确保信息在企业内部、企业与企业外部之间有效地传递和沟通；另一方面，也能保证对外披露信息的可靠性，减少股东及其他相关信息使用者与高管团队的信息不对称，也能有效地规避高管团队可能出现的逆向选择风险和道德风险，从而减少高管团队的代理成本，如图 6.2 所示。

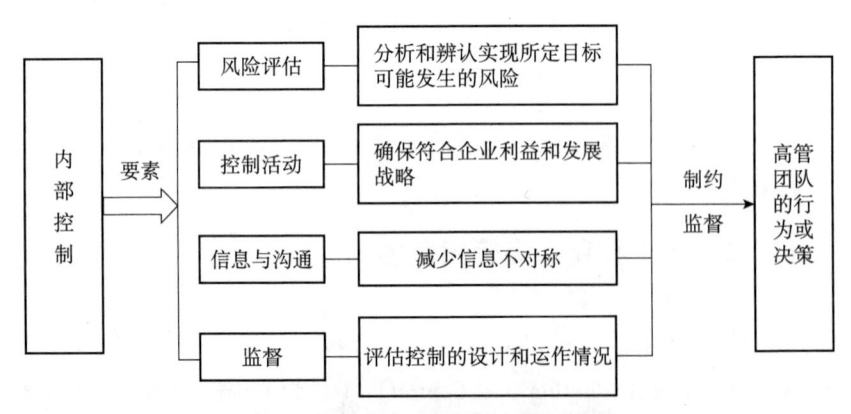

图 6.2　内部控制对高管团队的制约机理

综上所述，高质量的内部控制能够对高管团队产生有效制约，降低高管团队与股东的代理冲突，使高管团队的人力资本充分发挥效应，保证高管团队的投资行为符合企业发展战略，提高企业的投资效率，促进企业经营效率与效益的提升。

6.2　高管团队人力资本、内部控制对投资效率的交互影响

第4章验证了高管团队人力资本能有效地抑制非效率投资的发生，对投资效率的提升能产生显著影响；第5章的分析结果也显示，高质量的内部控制能显著提高企业的投资效率。但与现有关于高管团队人力资本对投资效率影响的研究文献类似，较为普遍地只分析"人"的主效应，而未考虑"制度"因素。比如，内部控制的调节效应，无法体现高管团队人力资本与企业投资效率的真实关系。相应地，关于内部控制对投资效率影响的研究文献，也较少关注影响内部控制发挥效果的因素，比如，"人"这一企业内部重要的因素。因此，有必要将"人"和"制度"两个因素结合起来，研究人力资本和内部控制两个因素对企业投资效率的交互效应。

高管团队是企业内部控制的建设者和实施者，出于利己的考虑，可以通过自己的行为选择来影响内部控制的建设效果以及实施效果；并且，高管团队人力资本能够对内部控制环境产生影响，而内部控制环境是内部控制的基石。因此，高管团队人力资本能影响企业内部控制的质量。另外，高质量的内部控制能够缓解高管团队的代理问题，规避因信息不对称导致的逆向选择风险和道德风险，对高管团队产生制约，从而影响高管团队的投资行为和投资决策。因此，高管团队人力资本与内部控制相互影响。当高管团队人力资本与内部控制共同发挥作用时，会因二者的相关影响产生交互效应，彼此加强，最终能更有效地减少非效率投资，提升企业的投资效率。具体的作用机理分析如下。

6.2.1　高管团队人力资本弱，企业内部控制质量低

在这种情况下，高管团队由于自身实力比较弱，在知识结构、职业

经验和专业能力等方面存在不足，限制了其分析问题的全面性和科学性，可能会做出不符合企业发展战略的行为选择或者行为决策。另外，内部控制质量低，意味着企业内部控制不健全，无法有效地发挥其监督和约束的作用。企业高管团队的代理问题、逆向选择和道德风险因此可能会而比较严重，导致高管团队做出一些不利于企业发展或者股东利益的投资决策。

因此，在"人"和"制度"两方面都很弱的情形之下，会因为相互作用，导致企业的投资效率更低。这也与第4章和第5章的结论相符——高管团队人力资本与内部控制都与非效率投资负相关，即与投资效率正相关。

6.2.2　高管团队人力资本强，企业内部控制质量低

在这种情况下，高管团队自身在认知能力、专业能力、管理能力、经验以及道德观和价值观等各方面，具备优秀的素质和品质。高管团队成员们的这些能力和品质，使他们能有效地获取信息和分析信息并做出合理判断。团队成员之间的沟通和协调更有效，团队的合力作用得以显现，在对投资行为做出选择和决策时，能更理性的更科学合理地做出决定，使投资活动符合企业战略目标，避免投资过度的浪费或者投资不足的损失。但是，每个人都是有限理性的，具备再高的能力和品质，也不能保证决策百分之百正确和合理。同时，每个人都是利己的，可能会因为私利而做出有损企业利益或者股东利益的投资决策，所以，人需要制度的约束。当企业内部控制质量低时，内部控制无法发挥其约束机制，高管团队在没有约束或者约束比较弱的情况下，很可能会发生逆向选择风险和道德风险，这无关高管团队人力资本的强弱。

因此，在高管团队人力资本高而内部控制质量低的情况下，高管团队有可能因为自身优异的能力和高品质的道德观、价值观提升企业投资效率，弥补内部控制质量低的制度缺陷。也可能因为缺少约束而出现败德行为、降低自身人力资本的作用，导致投资过度或者投资不足。这也

解释了在第 4 章只考虑人力资本而未考虑内部控制的回归结果中,为何高管团队平均受教育程度与非效率投资显著正相关,以及为何高管团队人力资本指数并不是在所有情况下都与企业非效率投资显著负相关。

6.2.3 高管团队人力资本弱,内部控制质量高

高管团队人力资本弱,意味着高管团队成员配置不合理,低能力的高管成员拉低了团队的平均值;或者是高管团队成员能力普遍低。无论是哪种情况,都会减弱团队的合力作用,使团队因为能力不足,无论缺乏经验,或者专业性不够而导致眼界不宽,或者因为团队内部协调沟通能力差产生内讧等,做出不合理的投资决策。但是,如果企业有完善的制度,高质量的内部控制能充分发挥其对高管团队的约束和监督机制,不仅能够避免出现高管团队逆向选择和道德风险等败德行为,还能够通过风险评估、沟通、控制和监督,使能力不够的高管团队不得不保持清醒,尽可能地少出差错,从而产生自动修复的作用,弥补高管团队人力资本低的不足。

因此,高质量的内部控制制度能通过其机制作用的发挥,弥补高管团队人力资本弱的缺陷,促使高管团队发挥其作用,从而提升企业的投资效率。这也符合第 5 章的回归结果,内部控制质量无论在投资过度组还是投资不足组或是全样本组,均呈现出与非效率投资显著负相关的关系。

6.2.4 高管团队人力资本强,内部控制质量高

内部控制的实施主体是董事会、管理层与其他人员,高管团队的人力资本能影响内部控制的质量,从而增强内部控制机制的作用发挥,更有效地缓解代理问题和信息不对称问题,从而提升对投资效率的影响程度;另外,内部控制又能通过风险评估、控制和监督以及信息沟通等机制,减少高管团队与股东之间的冲突,对高管团队的投资行为产生制约,避免产生逆向选择和道德风险,从而改善投资效率。

因此，当高管团队人力资本与内部控制两个重要因素强强组合，相互影响的结果，会使高管团队人力资本的作用以及内部控制的机制都得以更好地发挥作用，从而使企业投资效率更高。

高管团队人力资本与内部控制相互影响及交互作用对投资效率的影响关系，如图6.3所示。

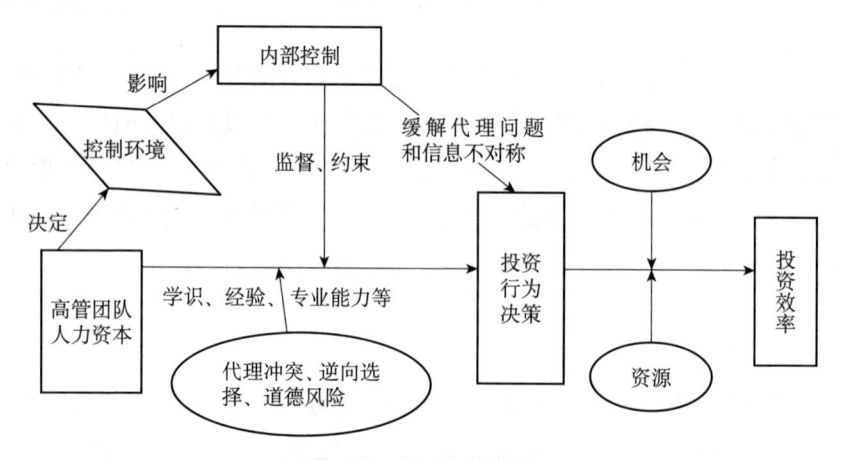

图6.3 交互影响关系

基于上述分析，提出如下待验证的研究假设：

H6.1：高管团队人力资本与内部控制对投资效率产生交互影响；

H6.1a：高管团队人力资本与内部控制的交互作用，能加强高管团队人力资本对投资效率的提升作用；

H6.1b：高管团队人力资本与内部控制的交互作用，能加强内部控制对非效率投资的抑制作用。

6.3 实证研究设计

6.3.1 样本和数据

本章选择2010~2015年的创业板上市公司为研究样本，并剔除数据有缺失的样本。样本的选取和处理与前两章一致。最后得到总共389家公司1 449个样本,其中,投资不足的样本为777个,投资过度的样本为672个。投资效率的数据,来自第3章;人力资本指数的数据,来自第4章;内部控制指数的数据,来自迪博公司的内部控制数据库;其他数据来自国泰安(CSMAR)数据库和锐思(RESSET)数据库。

6.3.2 变量定义

6.3.2.1 投资效率的测定

与第3章一致,借鉴理查德森(2006)模型计算的残差来衡量企业投资的效率,并采用第3章的计算结果。

6.3.2.2 人力资本的测定

与第4章一致,本书选取高管团队成员的年龄、受教育程度、任职年限和职称四个维度进行因子分析,抽象出三个指数,分别是表示强度(平均值指数)和广度(异质性指数)的两个指数,以及反映人力资本总体情况的综合指数,并采用第4章的计算结果。

6.3.2.3 内部控制质量的测度

与第5章一致,本书选取迪博公司发布的上市公司内部控制指数来测度样本公司的内部控制质量,并为了降低量纲,对内部控制指数取自然对数。

交互影响相关变量定义,见表6.1。

表6.1　　　　　　　交互影响相关变量定义

变量	变量含义	变量定义
Eff	投资效率	理查德森(2006)模型回归残差的绝对值
OI	投资过度	理查德森(2006)模型回归残差>0

续表

变量	变量含义	变量定义
UI	投资不足	理查德森（2006）模型回归残差>0时的绝对值
ICQ	内部控制质量	迪博内部控制指数取自然对数
PCI1	人力资本平均值指数	反映高管团队人力资本的强度
PCI2	人力资本异质性指数	反映高管团队人力资本的广度
PCI3	人力资本综合指数	反映高管团队人力资本的总体情况
Size	资产规模	期末资产总额的自然对数
Q	投资机会	托宾q
LEV	杠杆程度	资产负债率
ROE	收益率	净资产回报率
OWN5	股权集中度	根据前5名股东持股计算的Herfindal指数
FCF	自由现金流量	（息前税后利润+折旧与摊销-营运资本增加-资本支出）/总资产

6.3.3 模型设计

在综合已有研究文献并结合中国创业板上市公司实际情况的基础上，构建模型（6-1）以检验创业板上市公司高管团队人力资本和内部控制影响投资效率的交互作用。

$$EFF_{i,t} = \alpha_0 + \alpha_1 PCI_{i,t} + \alpha_2 ICQ_{i,t} + \alpha_3 PCI_{i,t} \times ICQ_{i,t} + \alpha_4 Control_{i,t} + \varepsilon_{i,t}$$

(6-1)

在式（6-1）中，EFF指投资效率（非效率投资），包括投资过度OI（回归残差大于0），以及投资不足UI（回归残差小于0，取绝对值）。PCI指人力资本，包括人力资本平均值指数（PCI1）、人力资本异质性指数（PCI2）和人力资本综合指数（PCI3）。PCI×ICQ指，人力资本与内部控制的交互项。在式（6-1）中，我们更加关注人力资本和内部控制的交互项系数的方向及其显著性。根据研究假设H6.1，PCI×ICQ的系数应该显著为负。Control代表各控制变量，包括企业规模、资产负债率、股权集中度、自由现金流量、收益率和发展机会等。

6.4 实证分析与结果

6.4.1 描述性统计分析

关于所涉及的主要变量的描述性统计分析，具体结果见表6.2。

表6.2　　　　　式（6-1）主要变量描述性统计

变量	样本组	均值	中位值	最大值	最小值	标准差
EFF	全样本组	0.077	0.046	2.033	0.000	0.119
	投资过度组	0.103	0.053	2.033	0.000	0.159
	投资不足组	0.054	0.043	0.724	0.000	0.058
PCI1	全样本组	0.064	0.067	1.991	-1.917	0.574
	投资过度组	0.075	0.064	1.944	-1.533	0.590
	投资不足组	0.055	0.069	1.991	-1.917	0.561
PCI2	全样本组	0.083	0.103	1.710	-5.674	0.562
	投资过度组	0.099	0.141	1.679	-5.674	0.586
	投资不足组	0.069	0.090	1.710	-2.949	0.541
PCI3	全样本组	0.059	0.119	1.032	-2.426	0.400
	投资过度组	0.071	0.114	1.032	-2.426	0.402
	投资不足组	0.050	0.122	0.962	-1.446	0.399
ICQ	全样本组	6.491	6.517	6.658	5.455	0.109
	投资过度组	6.491	6.518	6.658	5.474	0.112
	投资不足组	6.491	6.517	6.656	5.455	0.107

资料来源：本书第3章计算的投资效率，第4章计算的人力资本指数及迪博内部控制与风险管理数据库的相关数据整理计算而得。

在表6.2中，三个样本组EFF的最小值显示均为0.000，并不代表其投资效率的值为0（意味着是有效率的投资），而仅仅是因为小数点后只取三位数所致。实际上，全样本组、投资过度组和投资不足组的EFF最小值分别为0.000 034 9，0.000 072 1和0.000 034 9。因此，与其非效率投资的本质（投资过度或投资不足）并不冲突。并且，投资过度组的非效率投资情况要比投资不足组严重一些。

投资过度组和投资不足组的人力资本指数相比较，无论是平均值指数,还是异质性指数或者综合指数,均是投资过度组要大于投资不足组,表明投资过度组的样本公司的高管团队的人力资本强度、广度都要好于投资不足组的样本公司。内部控制指数描述性统计信息表明,三个样本组公司之间的内部控制指数的分布差异微小。

6.4.2 回归分析及其结果

根据理论分析,内部控制的质量会受到高管团队人力资本素质的制约,优质的高管团队人力资本会保障内部控制的加强;内部控制作为制度机制,对高管团队的行为产生监督和约束。当二者同时发挥作用,能够更有效地改善企业的投资行为决策,提升企业的投资效率。利用 EViews 6.0 软件,使用非平衡面板数据的 Panel EGLS (cross-section weights) 方法,基于式(6-1)对高管团队人力资本与内部控制对投资效率的交互影响进行回归分析,表 6.3 即为回归分析结果。

(1) 从回归结果看,无论从全样本的分析,还是对投资过度组和投资不足组的系数观测,都与之前的预想较一致。高管团队人力资本的三个指数、内部控制质量以及这二者的交互项,在三个样本组共九个回归结果中,除了全样本组中平均值指数与内部控制质量的交互项与非效率投资的关系不显著之外,其余交互项均与非效率投资呈显著的负向关系。这表明,研究假设 H 6.1 基本得到验证,创业板上市公司高管团队人力资本和内部控制具有抑制企业非效率投资、提升投资效率的交互作用。

(2) 当企业内部控制水平在设定水平上,可以将内部控制质量视作常数,则根据式(6-1),各项人力资本指数的系数为 ($\alpha_1 + \alpha_3 \times ICQ_{i,t}$)。由于在回归结果中,各样本组中的各项人力资本指数的系数 α_1 和交互项的系数 α_3 都是负数,$|\alpha_1 + \alpha_3 \times ICQ_{i,t}|$ 会比 $|\alpha_1|$ 更大,因此,验证了假设 H6.1a。这表明,高管团队人力资本与内部控制的交互影响,能加强高管团队人力资本对投资效率的提升作用。

第6章 人力资本、内部控制对投资效率的交互影响

表 6.3 高管团队人力资本与内部控制交互回归结果

变量	全样本组 平均值指数 PCI1	全样本组 异质性指数 PCI2	全样本组 综合指数 PCI3	投资过度组 平均值指数 PCI1	投资过度组 异质性指数 PCI2	投资过度组 综合指数 PCI3	投资不足组 平均值指数 PCI1	投资不足组 异质性指数 PCI2	投资不足组 综合指数 PCI3
C	0.344***	0.013***	0.146***	0.411***	0.103	0.428***	-0.020	-0.002	0.078**
ICQ	-0.038***	-0.018***	-0.031***	-0.033***	-0.005	-0.035**	-0.012	-0.010*	-0.022***
PCI1	-0.156*			-0.219*			-0.132***		
PCI1 × ICQ	-0.023			-0.034*			-0.020***		
PCI2		-0.397**			-0.254***			-0.139**	
PCI2 × ICQ		-0.063**			-0.088***			-0.022**	
PCI3			-0.058*			-0.187*			-0.174**
PCI3 × ICQ			-0.007*			-0.026*			-0.027**
HOWN5	-0.003	-0.004	-0.015***	-0.001	-0.015	-0.027	-0.003	0.010*	0.002
EFCF	0.007***	0.005***	0.006***	0.001	0.002**	0.003**	0.009***	0.011***	0.009***
DD	-0.000***	-0.000	-0.000***	-0.000*	-0.000***	-0.000	0.000**	-0.000	0.000
Q	0.008***	0.005***	0.008***	0.011***	0.012***	0.010***	0.003***	0.003**	0.003***
ROE	0.000	0.000*	0.000	0.000*	0.000**	0.000	0.000	0.000	0.000
LEV	-0.000***	-0.002**	-0.000***	-0.000*	-0.001**	-0.000**	-0.000***	-0.000***	-0.000***
SIZE	-0.003	-0.008**	-0.005***	-0.006*	0.002	-0.006**	0.007***	0.005***	0.005***
ADJ. R²	0.338	0.425	0.289	0.236	0.571	0.523	0.525	0.406	0.421
F-statistic	75.110***	106.367***	58.463***	21.762***	90.303***	74.818***	84.622***	64.918***	55.649***

注：*、**、*** 分别表示在1%、5%和10%的水平上显著。

(3) 当高管团队人力资本指数为设定值时，也可以将人力资本指数视作常数，则根据式（6-1），内部控制质量的系数为（$\alpha_2 + \alpha_3 \times PCI_{i,t}$）。由于在回归结果中，各样本组中的内部控制质量的系数α_2和交互项的系数α_3都是负数，$|\alpha_2 + \alpha_3 \times PCI_{i,t}|$就会比$|\alpha_2|$更大。因此，验证了研究假设H6.1b，表明高管团队人力资本与内部控制的交互影响，能加强内部控制对非效率投资的抑制作用。

为了进一步考察高管团队人力资本与内部控制的交互作用是否存在地区差异，本书分别对华东地区、华南地区、华北地区和其他地区四个样本组做了非平衡面板数据的 Panel EGLS (cross-section weights) 回归检验。检验结果见表6.4（完整的回归结果见附录中附表5~附表8）。从表6.4中可以发现，各区域之间存在较明显的差异。

(1) 在各地区的全样本组回归结果中，华东地区高管团队人力资本的三个指数与内部控制的交互项，均显著与非效率投资负相关；而华南地区只有异质性指数与内部控制的交互项显著负相关；华北地区以及其他地区的三个指数与内部控制的交互项与非效率投资的关系均不显著。

(2) 在各地区的投资过度组回归结果中，华东地区只有高管团队人力资本的平均值指数与内部控制的交互项与投资过度显著负相关；华南地区的三个指数与内部控制的交互项均与投资过度显著负相关；华北地区的三个交互项与投资过度的关系全部不显著；其他地区除了平均值指数外，其他两个交互项与投资过度均呈显著负相关。

(3) 在各地区的投资不足组回归结果中，华东地区只有高管团队人力资本的平均值指数与内部控制的交互项与投资不足显著负相关；华南地区和华北地区的三个指数与内部控制的交互项均和投资不足呈显著负相关；其他地区只有综合指数与内部控制的交互项与投资不足呈显著负相关。

分地区的回归结果表明，高管团队人力资本确实能与内部控制一起产生交互作用，进一步降低了创业板上市公司非效率投资的作用，从而更好地提升投资效率。只是不同地区发挥作用的因素不一致，有些地区的创业板上市公司表现为高管团队人力资本的强度（平均值指数）起主

第6章 人力资本、内部控制对投资效率的交互影响

表 6.4 分地区的高管团队人力资本与内部控制交互回归结果（简表）

地区	变量	全样本组 平均值指数 PCI1	全样本组 异质性指数 PCI2	全样本组 综合指数 PCI3	投资过度组 平均值指数 PCI1	投资过度组 异质性指数 PCI2	投资过度组 综合指数 PCI3	投资不足组 平均值指数 PCI1	投资不足组 异质性指数 PCI2	投资不足组 综合指数 PCI3
	C	0.045 (-0.666)	-0.005 (-0.051)	0.129* (-1.726)	0.144 (-1.351)	0.220* (-1.869)	0.215** (-2.167)	0.145 (-1.422)	0.222** (-1.96)	0.218** (-2.255)
	ICQ	-0.029** (-2.425)	-0.021 (-1.554)	-0.040*** (-3.345)	-0.015 (-1.16)	-0.027 (-1.477)	-0.026* (-1.941)	-0.014 (-1.211)	-0.026 (-1.551)	-0.025** (-2.018)
	PCI1	-0.002 (-1.169)			-0.238** (-2.353)			-0.279*** (-3.017)		
	PCI1×ICQ	-0.002** (-1.970)			-0.036** (-2.291)			-0.042*** (-2.945)		
华东地区	PCI2		-0.341*** (-4.843)			-0.026 (-0.451)			-0.029 (-0.508)	
	PCI2×ICQ		-0.054*** (-4.621)			-0.004 (-0.479)			-0.005 (-0.532)	
	PCI3			-0.007*** (-7.753)			-0.124 (-1.583)			-0.147 (-1.508)
	PCI3×ICQ			-0.002* (-1.839)			0.018 (-1.553)			0.022 (-1.487)
	ICQ	-0.028** (-0.383)	-0.006 (-1.502)	-0.03 (-1.334)	-0.02 (-0.706)	0.025 (-1.399)	-0.056** (-2.008)	-0.062** (-2.618)	-0.036** (-5.224)	-0.058** (-2.737)
华南地区	PCI1	-0.109 (-0.51)			-1.212* (-1.759)			-0.305* (-1.932)		
	PCI1×ICQ	-0.018 (-0.539)			-0.184** (-1.74)			-0.048** (-1.974)		

139

续表

地区	变量	全样本组 平均值指数 PCI1	全样本组 异质性指数 PCI2	全样本组 综合指数 PCI3	投资过度组 平均值指数 PCI1	投资过度组 异质性指数 PCI2	投资过度组 综合指数 PCI3	投资不足组 平均值指数 PCI1	投资不足组 异质性指数 PCI2	投资不足组 综合指数 PCI3
华南地区	PCI2		-0.496** (-2.398)			-1.367*** (-3.478)			-0.625*** (-11.165)	
	PCI2×ICQ		-0.079** (-2.500)			-0.200*** (-3.346)			-0.096*** (-11.208)	
	PCI3			-0.26 (-0.890)			-0.542 (-0.416)			-0.117 (-0.790)
	PCI3×ICQ			-0.043 (-0.942)			-0.079 (-0.393)			-0.018 (-0.773)
	ICQ	-0.031** (-2.425)	0.02 -1.568	-0.034** (-2.668)	-0.145*** (-2.965)	-0.114*** (-4.526)	-0.165*** (-3.677)	-0.012 (-0.744)	-0.051 (-1.424)	-0.004 (-0.186)
华北地区	PCI1	-0.01 (-0.534)			0.198 (-0.426)			-0.357*** (-5.399)		
	PCI1×ICQ	-0.002 (-0.686)			-0.033 (-0.467)			-0.056*** (-5.223)		
	PCI2		-0.122 (-1.133)			-0.181 (-0.341)			-0.521*** (-3.463)	
	PCI2×ICQ		0.018 -1.094			-0.029 (-0.351)			-0.080*** (-3.495)	
	PCI3			0.016 -0.207			0.674 -0.716			-0.426*** (-5.079)
	PCI3×ICQ			-0.002 (-0.197)			-0.101 (-0.702)			-0.066*** (-5.162)

第6章 人力资本、内部控制对投资效率的交互影响

续表

地区	变量	全样本组 平均值指数 PCI1	全样本组 异质性指数 PCI2	全样本组 综合指数 PCI3	投资过度组 平均值指数 PCI1	投资过度组 异质性指数 PCI2	投资过度组 综合指数 PCI3	投资不足组 平均值指数 PCI1	投资不足组 异质性指数 PCI2	投资不足组 综合指数 PCI3
其他地区	ICQ	-0.041*** (-2.875)	-0.031** (-1.964)	-0.030** (-2.394)	-0.032 (-0.847)	-0.191** (-2.585)	-0.077** (-2.029)	-0.015 (-0.835)	-0.019 (-1.038)	-0.007 (-0.337)
	PCI1	-0.173 (-1.30)			0.259 (-0.315)			0.077 -0.97		
	PCI1×ICQ	-0.025 (-1.184)			-0.037 (-0.290)			-0.014 (-1.114)		
	PCI2		-0.022 (-0.174)			-1.926*** (-6.934)			-0.007 (-0.084)	
	PCI2×ICQ		-0.003 (-0.168)			-0.299*** (-7.024)			-0.001 (-0.081)	
	PCI3			-0.255 (-1.214)			-0.23 (-0.232)			-0.391** -2.211
	PCI3×ICQ			-0.039 (-1.186)			0.034 -0.224			-0.061** (-2.221)

注：① ( ) 中的数字是t值；*、**、***分别表示在1%、5%和10%的水平上显著。②各地区完整的回归结果表，请见附录。

导作用，有些地区表现为高管团队人力资本的广度（异质性指数）起主导作用，有些地区表现为高管团队人力资本在强度和广度两方面的综合素质（综合指数）起主导作用。产生这种差异的原因，可能是因为不同地区创业板上市公司由于所处的行业不同以及区位不同，人才吸引力不同，导致高管团队的人员配置结构存在区域差异。有些地区可能整个团队每个成员的人力资本素质都很高，导致平均值指数很高而异质性指数较低；有些地区可能是团队成员的人力资本素质差异很大，导致平均值指数不一定高，但异质性指数很高。

6.4.3 稳健性检验

为了进一步确定高管团队人力资本和内部控制二者之间的交互影响，通过 SPSS 21.0 软件，考虑去除控制变量后建立"交互影响模型"，为了更清楚说明分析过程，将主要步骤列示如下。

第一步，检查变量高管人力资本综合指数 PCI3、内部控制 ICQ 和交互项 PCI3 × ICQ 的相关系数。经检验，PCI3 和 PCI3 × ICQ，以及 ICQ 和 PCI3 × ICQ 的相关系数超过了 0.8，我们对两个变量进行"中心化"处理，处理后的相关性分析，见表 6.5。处理后，三者已不具有显著相关性。

第二步，建立主影响（main effects）模型，即：

$$\mathrm{EFF}_{it} = \alpha_0 + \alpha_1 \mathrm{PCI}_{i,t} + \alpha_2 \mathrm{ICQ}_{i,t} + \mathrm{Contro}_{i,t} \quad (6-2)$$

第三步，建立交互影响模型，即：

$$\mathrm{EFF}_{i,t} = \alpha_0 + \alpha_1 \mathrm{PCI}_{i,t} + \alpha_2 \mathrm{ICQ}_{i,t} + \alpha_3 \mathrm{PCI}_{i,t} \times \mathrm{ICQ}_{i,t} + \mathrm{Contro}_{i,t} \quad (6-3)$$

表 6.5　　　　　　　　去中心化后相关性分析

		ICQ	PCI3	ICQ × PCI3
ICQ	Pearson 相关性	1	-0.056*	0.000
	显著性（双侧）		0.028	0.997
	N	1551	1551	1551

续表

		ICQ	PCI3	ICQ × PCI3
PCI3	Pearson 相关性	-0.056*	1	0.057*
	显著性（双侧）	0.028		0.025
	N	1551	1551	1551
ICQ × PCI3	Pearson 相关性	0.000	0.057*	1
	显著性（双侧）	0.997	0.025	
	N	1551	1551	1551

注：*表示在0.05水平（双侧）上显著相关。

通过在分析中加选"R^2变化"项执行回归分析来检验交互影响的显著度。检验结果如表6.6所示。

表6.6　　　　　　R^2变化回归结果

模型	R	R^2	Adj. R^2	标准估计误差	R^2变化	变化统计量F更改	Sig. F.
1	0.294	0.087	0.081	0.110	0.087	16.187	0.000
2	0.299	0.089	0.084	0.110	0.003	4.984	0.026

R^2较小，是由于变量的去中心化原因。根据Ⅱ组的更改统计量F值，证明了交互项表现出对投资效率在5%水平下的显著作用，再次证实了对于创业板上市公司而言，同时注重高管团队及内部控制的作用，会有更积极的乘数效应或互补作用。

6.5　本章小节

本章在前两章的基础上，进一步研究高管团队人力资本与内部控制共同作用时，对创业板上市公司投资效率的交互作用。

第一，理论分析了高管团队与内部控制的相互关系：高管团队是内部控制的建设者和实施者，并且，其人力资本能影响企业内部控制环境，因此，能影响内部控制的质量；内部控制是企业内部治理机制之一，通过风险评估、控制和监督以及信息沟通，对高管团队的活动和行为决策产生制约。

第二，理论分析了高管团队人力资本与内部控制对投资效率产生交互作用的机理，通过实证验证了这种交互作用确实存在，高质量的内部控制能显著加强高管团队人力资本对投资效率的提升作用；高管团队人力资本也能显著加强内部控制对企业非效率投资的治理作用。

第三，分地区实证检验的结果表明，在不同地区的创业板上市公司中，对高管团队人力资本与内部控制的交互作用产生影响的主导因素各不相同。有些以高管团队人力资本的强度（平均值指数）为主导，有些以广度（异质性指数）为主导，而有些起主导作用的是强度与广度的综合性（综合指数）。

第7章 研究结论、政策建议与研究展望

本章根据第3~第6章关于创业板上市公司投资效率、高管团队人力资本和内部控制质量关系的理论分析和实证研究结果，总结全书的研究结论，并以研究结论为基础对公司管理层和政策制定部门提出政策建议，最后，针对本书的研究不足之处提出进一步的研究展望。

7.1 研究结论

自从罕布瑞克和梅森（Hambrick and Mason，1984）提出研究高管团队的高阶理论以来，学者们就从未停止过对企业高管团队决策行为的研究。本书基于人力资本理论、高阶理论、委托代理理论和信息不对称理论等管理学和经济学的重要理论，将企业发展过程中的两个重要影响因素——"人"和"制度"纳入同一研究框架，从高管团队人力资本和内部控制两个视角，研究了"人"和"制度"对企业投资效率的影响。本书以创业板上市公司为研究样本，首先，测算并分析了创业板上市公司的投资效率现状；其次，理论分析并实证检验了高管团队人力资本对投资效率的影响；再次，分析并检验了内部控制质量对投资效率的影响；最后，研究了高管团队人力资本与内部控制对投资效率的交互影响。主要研究结论如下。

7.1.1 中国创业板上市公司普遍存在非效率投资，企业投资效率不高，总体呈现为投资过度

本书先借鉴法扎里等（1988）的投资—现金流敏感性判别模型，对中国创业板上市公司是否存在非效率投资进行检验，实证检验结果表明，中国创业板上市公司确实存在非效率投资。然后，借鉴理查德森（2006）的模型，对创业板上市公司的投资效率进行测算。测算结果表明，中国创业板上市公司在 2010～2015 年，非效率投资现象普遍存在；根据分年度的描述性统计，除了 2011 年均值小于 0，表现为投资不足之外，其余年度均投资过度，表明中国创业板上市公司总体上呈现为投资过度；根据分地区的描述性统计，反映出不同地区的创业板上市公司的投资效率，也存在明显差异。

7.1.2 高管团队人力资本能显著改善和提升企业的投资效率

本书研究高管团队而非高管个人的人力资本，主要分析高管团队人力资本"合力作用"对企业投资效率的影响。根据人力资本理论和高阶理论，以高管团队成员的人口统计信息为基础，从年龄、受教育程度、任职年限和职称四个维度，分别计算了高管团队各项指标的平均值和异质性以及综合反映高管团队人力资本强度、广度和综合素质的平均值指数、异质性指数和综合指数。本书的实证结果表明，高管团队人力资本无论是强度、广度还是综合质量，均能显著提高企业投资效率。但这种影响存在地区间差异，有些地区高管团队人力资本的强度、广度和综合质量都发挥作用，有些地区只是强度或者广度发挥作用。并且，高管团队人力资本的合力作用，受高管团队在年龄、受教育程度、任职年限和职称等方面的结构配置的影响，充分考虑团队成员间人力资本的同质性和异质性，合理配置，才能从总体上提升整个团队的人力资本。

7.1.3 创业板上市公司的内部控制能显著减少非效率投资，但创业板上市公司的内部控制质量总体上有待进一步提高

企业的发展壮大离不开高质量的内部控制。根据深圳迪博公司发布的内部控制指数，与2015年中国沪深两市上市公司内部控制的总体情况相比，中国创业板上市公司的内部控制质量总体上存在一定差距，主要集中于B级和BB级。本书的实证结果表明，创业板上市公司的内部控制质量能显著地抑制企业的非效率投资，而且，对投资不足的抑制作用稍微强于对投资过度的抑制作用，加强企业内部控制、提升企业内部控制质量对提升企业投资效率能发挥作用。

7.1.4 创业板上市公司的高管团队人力资本和内部控制对企业投资效率的提升具有交互效应

高质量的内部控制能显著加强高管团队人力资本对投资效率的提升作用；高管团队人力资本也能显著加强内部控制对企业非效率投资的治理作用。本书的实证结果证明，创业板上市公司确实存在这种交互作用，并且在不同地区的创业板上市公司中，对高管团队人力资本与内部控制的交互作用产生影响的主导因素各不相同。有些以高管团队人力资本的强度（平均值指数）为主导，有些以广度（异质性指数）为主导，而有些起主导作用的是强度与广度的综合性（综合指数）。

7.1.5 独立董事机制能有效地抑制企业非效率投资现象的发生

从本书第4章、第5章和第6章的回归结果发现，独立董事在董事会中所占的比重（DD）与企业非效率投资均呈显著的反向关系。独立董事具备专业知识储备，并与受聘的上市公司及公司主要股东不存在可

能妨碍其进行独立客观判断的利益关系,适当增加企业董事会独立董事人数,可以在企业采取重大决策和投资项目时,为决策者提供科学、理性的参考建议以及项目未来收益前景预期,从而达到提升企业投资效率的目的。

7.2　政策建议

本书的研究结果表明,中国创业板上市公司普遍存在非效率投资,并且总体表现为投资过度。企业是社会经济的微观组成部分,微观个体的投资过度,不仅导致企业发生无效率投资,造成资源浪费,最终也会导致宏观经济总体出现投资过度,影响整个社会的资源配置效率。因此,为了提高中国创业板上市公司的投资效率,以及更多中小企业的投资效率,结合本书第 4 章～第 6 章分析的影响投资效率的因素,分别从创业板上市公司和监管部门两个角度提出相应的建议。

7.2.1　对创业板上市公司的建议

2009 年 10 月,中国正式成立创业板市场,至今约 10 年的发展时间,尚是一个发展完善过程中新兴的资本市场。创业板上市公司创立时间也大多不长,处于发展和成长过程中。因此,这些公司中高管团队的培养和建设以及内部控制体系的建立健全是一个长期、持续的过程,不可能一蹴而就。针对创业板上市公司的投资效率问题,从高管团队和内部控制两个方面的建议如下。

7.2.1.1　重视高管团队的培养和建设

考虑到企业文化的差异以及团队成员间的磨合等问题,想通过职业经理人市场招聘到好的高管并立即发挥作用,并不是对所有企业都现实可行。因此,创业板上市公司应重视从企业内部发掘和培养人才、建立人才梯队，才会让高管团队的人力资本建设良性循环，团队成员的年龄、受教育程度等方面的结构相对保持稳定，企业文化得以传承，企业的经营效益、投资效率以及发展战略才能更有效地得到保障。同时，由于高管团队"合力作用"的体现和发挥，受团队的构成以及内部沟通协调的有效性等多方面因素的影响，考虑到同质性和异质性的不同特性表现，在培育和建设高管团队的时候，还应该重视团队成员间在年龄、学识和专业性、能力以及价值观等方面合理的结构配置。另外，公司还应当完善管理层选拔和考核制度、优化股权结构。在聘任管理者时，企业应结合应聘者知识背景、工作履历等因素综合考核管理者特性、品质、风险偏好等素质，尽量避免聘请在决策上存在过激行为或以自我为中心的人。同时，在对管理层业绩考核的指标选取上尽量选取长期指标，应规避管理层的短期行为。

7.2.1.2 重视内部控制建设，完善公司治理

企业内部控制影响投资效率的机理，主要是通过内部控制要素的控制环境、风险评估、信息与沟通、控制活动和监督五要素的相互作用发挥效应，减少信息不对称，降低代理问题发生概率，保证投资行为决策符合股东利益以及公司发展战略。首先，在内部控制五要素中，控制环境是重要基石，是内部控制机制发挥作用的前提。完善的公司治理机制，能够促进内部控制质量的提升。因此，创业板上市公司应完善公司治理，重视内部控制建设，改善公司内部控制环境，提升内部控制质量。公司应改进内部决策程序，建立科学、自由、民主的决策制度，避免高管个体决策时因为风险偏好、知识背景和性格特征等的影响而导致的主观性和片面性。对于小规模投资，高管在决策时应充分听取各方意见以减少因个人认知偏差而导致的投资失败；对于规模较大的投资，应组建投资决策小组，小组成员尽量拟定多套投资方案，然后通过董事会讨论后投票决定选取投资方案，最终由股东大会审核，联签之后方可生效。其次，在内部控制五要素中，控制活动涵盖面极广，应针对具有不同风险程度的活动设置不同的制度加以规范。对于投资活动，企业应针

对不同投资金额制定严格的授权审批制度、预算控制制度、关联交易制度，以及投资失败后的责任追究制度等，这些制度应贯穿于投资决策方案的制定、审核、实施等的全过程。确保各个职能部门分工合作、各个环节顺利进行，进而抑制公司管理层的私利行为，提高投资效率。另外，内部控制风险评价体系是内部控制体系的重要组成部分，风险评价体系包括风险识别、风险评估和风险应对。

现阶段，中国创业板上市公司尤其是广大非上市的中小企业的管理层主动风险管理的意识不强，风险管理方式多为被动式管理，多表现为事后的风险应对。创业板上市公司应当切实加强风险防控机制和能力建设，不断提升风险管理工作的科学性、精细化，提高风险管理的动态监测和实时预警能力，及时、准确地评估企业面临的内外部风险，针对识别的风险提出应对策略，并适时根据内外部风险及时调整应对方案。对重大突出问题进行着重处理，采用风险转移、风险转换等手段将风险转嫁或抵销。完善的内部控制风险评估机制可以有效地识别投资项目所面临的内外部风险，为管理层做出投资决策提供参考，从而降低非效率投资行为的发生。因为创业板上市公司的投资涉及金额大、影响面广，对投资风险的持续控制关乎企业的生存和发展。而投资风险作为财务风险的一部分，在进行风险评估体系建设的同时应着重识别投资各环节的风险点，对关键环节的风险做到事前控制。同时，在管理层强化投资风险意识，形成全面的风险管理文化，确保企业正常运行。

7.2.1.3 重视独立董事机制，加强董事会的治理

在现代企业的组织机构中，股东会是公司最高的权力机构，公司的一切重大事项都必须通过股东会认可或批准。但股东会不能代表公司，也不能直接参与对公司的经营管理，且股东会属于临时机构。而公司总经理等高管团队是公司的经营管理主体，是具体负责公司经营管理活动的执行机构，而非决策机构。只有董事会才是公司的常设性决策机构，是代表股东利益，执行股东会决议，科学决定公司重大经营事项的重要组织机构。因此，董事会在公司治理和战略管理中具有重要地位和作

用，董事会治理的优劣最终决定着企业投资行为决策的科学性和合理性。在第4~第6章的实证分析中，董事会中发挥权利权衡和监督机制作用的独立董事，对抑制非效率投资具有非常显著的作用。因此，应加强公司独立董事聘任、任职等制度建设，避免大股东利用职权干涉独立董事的聘请和职权行使，确保公司独立董事独立发表独立无偏意见。另外，虽然中国大部分创业板上市公司董事长未兼任总经理，仍有部分企业未做到两职分离，为尽可能地提高内部监督效果，保证投资的合理性，在不影响企业管理创新的基础上使董事长职务与总经理职务相分离。最后，优化创业板上市公司股权结构，形成合理的、股东相互制衡的股权结构，这样，董事会的成员才可能由代表不同股东权益的董事构成，避免一股独大所带来的董事会由大股东把控的弊端。

7.2.1.4 重视内部控制信息披露

创业板上市公司除了要加强内部控制建设，还要按照中国证监会和证券交易所的要求，在注重和提高会计信息披露质量的同时，重视内部控制信息（包括自评信息及审计信息）的披露，严格遵守监管部门对内部控制信息披露的监管要求，提高所披露的内部控制信息的合规性和有效性，为投资者提供全面、充分、及时、准确的信息，减少信息不对称。信息与沟通不仅是信息的收集、加工与整理，还包括信息在企业内外部的有效传递与沟通。良好的信息系统可以大大降低信息的搜集成本和加工成本，同时为信息在企业内部各部门之间以及企业与外部之间的有效传递和沟通提供极大方便，从而大大缓解企业内部、企业内部与外部的信息不对称。因此，企业应强化信息系统的建设和维护，定期召开股东大会、董事会、监事会和职工代表大会等，确保管理层的决策及时、有效地传达给内部各层级，各执行部门的反馈信息及时传递给管理者。同时，又能将企业内部信息及时呈现给外部相关信息使用者。另外，应加强投资者关系管理，适当增加股东大会、董事会会议和监事会会议召开次数，及时了解企业投资动态，理清投资者关系。而高质量的内部控制信息披露，不但可以缓解管理层与外部投资者的关系，还可以缓解管理层与债权人的信息不对称,从而降低因代理冲突而导致的过高的资本成本,提高上市公司投资效率。所以,企业应意识到内部控制信息披露的重要性,完善披露体制,提高披露质量,最终在企业内外部建立起有效而便捷的沟通桥梁,使企业在市场上树立良好的形象,提高社会地位。

7.2.2 对监管部门的建议

7.2.2.1 加强创业板上市公司人力资本建设的建议

建议监管部门搭建上市公司高管群体交流和学习的平台,促进高管团队的经验交流和能力提升。

中国证监会于2005年制定颁布的《上市公司高级管理人员培训工作指引》及《上市公司董事长、总经理培训实施细则》《上市公司董事、监事培训实施细则》《上市公司独立董事培训实施细则》《上市公司财务总监培训实施细则》《上市公司董事会秘书培训实施细则》等规章制度,在规范上市公司高级管理人员执业行为、促使上市公司高级管理人员认真掌握有关法律法规和规范、不断提高自律意识,推动上市公司规范运作等方面发挥了巨大作用。这些培训一般主要针对IPO的上市公司董监高,并没有常态化。随着中国资本市场的发展,上市公司数量的增加,高管群体的规模越来越大,非常有必要搭建一个全国性的董监高平台,以便上市公司高管们日常交流和学习,促进高管们在学识、专业能力、管理能力等方面的提升,从而改善上市公司高管团队的人力资本。

7.2.2.2 提升创业板上市公司内部控制质量的建议

1. 规范创业板上市公司内部控制信息披露

信息披露是减少信息不对称的有效手段,也是促使上市公司重视内部控制建设的约束机制之一。但当前中国对创业板上市公司内部控制信息披露的披露要求及披露标准与主板市场不尽一致,降低了内部控制信息披露的信息含量和有效性。建议中国证监会尽快统一不同板块上市公司的内部控制评价和审计信息的披露标准及要求、统一内部控制审计意见类型、统一内部控制信息披露监管标准，将中小板上市公司、创业板上市公司纳入统一的内控审计信息披露标准中，提高创业板上市公司信息披露的规范性，促进中国资本市场中各板块上市公司尤其是创业板上市公司重视并提升内部控制质量。同时，为应对创业板上市公司数量快速增加和资本市场从严监管的要求，监管机构应创新对上市公司内部控制信息披露的监管手段，切实提高对创业板上市公司信息披露的监管质量。一方面，应当积极利用大数据、人工智能、云计算等先进科学技术手段大力提升科技监管能力和水平，促使监管方式从"消防员"式的被动监管向主动、精准、高效、高质量的监管方式转变；另一方面，应当建立健全责任追究机制，从法律层面明确上市公司高管人员在内部控制建设、审计及信息披露中的责任和处罚措施，强化对内控信息披露违规的公司、个人及审计机构的问责力度和处罚力度。

2. 逐步在创业板上市公司实施内部控制规范体系

个别公司的财务舞弊，使得美国在2002年通过了《萨班斯—奥克斯利法案》，使内部控制由自愿性披露向强制性披露的时代迈进。同时，内部控制相关问题的研究也成为各界讨论的焦点。为了加强和规范企业内部控制，提高企业经营管理水平和风险防范能力，促进企业可持续发展，中国政府逐步建立和完善了企业内部控制体系。自2006年沪深证券交易所出台专门的文件要求上市公司评价其内部控制并进行披露之后，财政部、中国证监会、审计署、中国银监会和中国保监会分别在2008年和2010年联合发布了《企业内部控制基本规范》及《企业内部控制配套指引》，要求上市公司提交并披露内部控制自我评估报告。同时，提出2011年在67家境内外上市公司实施内部控制规范的试点，并在2012年对全部A股上市公司内部控制规范体系强制实施。由此可见，中国政府及各监管机构早已意识到内部控制的重要性，但自规范实施以来现实中还存在，如上市公司管理层对内部控制重要性认识不够、内部控制制度建设缺乏动力、内部控制执行力度不强等，导致内部控制未能发挥其应有的规范作用等问题。

由于我国目前尚未要求创业板上市公司按照《企业内部控制基本规范》及其配套指引执行企业内部控制规范体系，创业板上市公司披露的内部控制信息质量普遍不高。如果创业板上市公司严格执行企业内部控制规范体系，将促使创业板上市公司重视并建立健全内部控制、提升内部控制信息披露质量，并能有效地保证公司经营的合规性，降低高管团队与投资者之间的代理冲突，提升公司的投资效率及经营效益。因此，应综合考虑创业板上市公司的特殊性，尽快推进创业板上市公司实施内部控制规范体系。

3. 加大对创业板上市公司内部控制缺陷的整改力度

为避免创业板上市公司内部控制评价变成形式主义，监管部门应强化重点领域的监督检查力度，完善内部控制缺陷整改机制，强化资金活动、资产管理、财务报告、信息披露等关键事项及重点领域的监督检查力度。并对创业板上市公司在自评、审计及监管过程中发现的内部控制问题和缺陷，要求其必须制定切实可行的整改方案，并加强对其整改效果的跟踪考核，督促对其及时有效地整改，从而提升创业板市场中上市公司内部控制的整体质量。

此外，加强风险防控机制和能力建设，将企业风险管理信息的披露纳入强制监管范围；加强内部控制宣传与培训，提升高管人员的风险防控意识和能力。

7.3　研究局限及展望

7.3.1　本书研究的局限

将高管团队人力资本和企业内部控制的两个重要的"人"和"制度"因素纳入同一个研究框架中研究企业投资效率的文献尚不多见。本书做出大胆尝试，虽然在写作过程中始终秉持严谨的态度，力求完善，但碍于学识有限，本书仍有不足之处。

7.3.1.1 高管团队人力资本变量测度的局限性

目前，中外文文献对企业人力资本测度尚无统一、成熟的指标体系，本书在测度高管团队人力资本时，仅仅选取了高管团队成员的年龄、受教育程度、任职年限和职称四个维度的指标，人口统计特征的主观选取可能导致研究结果出现偏差。另外，本书主要根据数据库中收录的高管团队成员个人履历信息对人力资本进行测量，在处理数据的过程中，分类方式和编码具有一定的主观性，而且高管团队成员任职期限这一指标是按照检测年度的年份数与初始任职年度的年份数相减获得的，将同一年度的不同月份同等对待，误差较大。这两方面因素导致本书无法全面、科学地测度高管团队的人力资本，影响了研究结果的严谨。因此，今后在高管团队人力资本的指标设计及变量测度上，仍需要进一步完善。

7.3.1.2 投资效率的界定和测度方法的局限性

本书将投资效率界定为投资规模的适度性，并未考虑产出与投资的关系，限制了研究范围。在测度方法方面，本书虽然分别借鉴法扎里等（1988）的投资—现金流敏感性判别模型以及穆勒和里尔登（Mueller and Reardon，1993）提出的边际投资效率测算模型，对创业板上市公司非效率投资的存在性进行了判别和检验，但在对投资效率的测度上，仅采用了理查德森（2006）的最优投资规模估计模型，通过计算残差来判别和度量投资效率。实际上，理查德森（2006）模型存在一定的局限性。首先，最优投资水平只有在信息不对称问题和代理问题均不存在的情况下才可能被确定，而现实中不可避免地存在信息不对称和代理问题。其次，只有当模型的拟合度很高时，模型计算出来的预期投资水平与最优投资水平偏差才会比较小，此时，残差项才能比较准确地反映非效率投资程度。因此，本书使用理查德森（2006）模型测算出来的投资过度或者投资不足，可能存在误差。

7.3.1.3 内部控制评价方法的局限性

对企业内部控制的评价，本书引用了目前被广泛认可和引用的深圳迪博公司发布的内部控制指数，该指标反映了企业内部控制目标的实现程度，衡量了内部控制的有效性，能比较好地评价内部控制质量。但是，这一综合指数无法体现出内部控制质量缺陷的原因及性质，而不同原因和性质的内部控制缺陷，对内部控制机制效果发挥的影响可能截然不同。也就是说，内部控制指数相同但存在不同内控缺陷的两家公司，可能一家公司导致投资过度而另一家公司却导致投资不足。囿于创业板上市公司对内部控制缺陷的披露不充分，数据采集比较困难，本书并没有进一步展开研究。

7.3.2 未来研究展望

7.3.2.1 进一步深入探讨高管团队人力资本的衡量

人力资本代表了其载体——人的认知水平和能力等多个维度的特质，每个特质都具有复杂的多个影响因素。未来应在更加科学、严谨地测度人力资本方面深入研究，挖掘除了年龄、受教育程度、职称等反映其经验、认知能力和职业能力等方面的特质因素之外，更多的其他相关因素。同时，从"人"的角度分析高管团队对投资效率的影响，除了人力资本之外，还可以结合成长环境、文化背景及心理因素。比如，对待风险的态度、做决策时的情绪等。

7.3.2.2 更全面地对投资效率做出评价

目前的实证研究，基于投资规模的适度性来评价投资效率，而如本书中提及的，对效率的解释和评价是多方面的，未来的研究可以考虑从"投入与产出"的关系等，对投资效率做出更全面的评价。

7.3.2.3 结合内部控制缺陷,更全面地考虑内部控制的经济后果

目前,中国创业板上市公司中仍有近一半的公司未披露内部控制缺陷的认定标准,而且,内控缺陷的披露也对缺陷数量和缺陷内容方面比较笼统,无法获取这些创业板上市公司存在内控缺陷的具体内容和性质。但是,随着中国证券市场监管的进一步完善,以及内部控制信息披露要求的严格执行,内控缺陷的披露必将越来越充分。因此,在未来的研究中,可以结合内部控制缺陷的数量、内容和性质等,进一步研究内部控制对投资效率的影响等经济后果。

7.3.2.4 考虑更多的影响因素对样本细分,分组研究不同因素是否影响人力资本、内部控制对非效率投资的治理作用

因为行业特点和区域文化及经济发展水平等方面存在差异,导致不同行业和区域,以及处于不同社会经济背景下的公司,在相同的人力资本条件和内部控制质量水平下,依然可能表现出投资效率水平的差异。除了本书中考虑到的地区差异,对样本按照创业板上市公司所处的区域,分为华东、华南、华北和其他地区四个样本组之外,未来还可以进一步根据行业、高管的社会背景、企业的生命周期等因素来分组,非常有必要、有价值。

附 录

附表1　华北地区高管团队人力资本指数对投资效率的回归结果

变量	全样本组 系数	t值	系数	t值	系数	t值	投资过度组 系数	t值	系数	t值	系数	t值	投资不足组 系数	t值	系数	t值
C	0.151	2.905	0.171	2.633	0.134	2.407	0.529	4.068	0.602	5.937	0.36	2.66	-0.102	-1.439	-0.142	-2.285	-0.15	-2.318
PCI3	-0.000	-0.157											-0.003	-0.336				
PCI1			-0.003	-0.715			-0.015	-4.518							-0.006	-0.818		
PCI2					-0.003	-1.079			-0.017	-5.552	-0.011	-2.590					-0.000	-0.024
EFCF	0.002	1.335	-0.000	-0.011	0.002	1.868	-0.031	-6.459	-0.030	-7.214	-0.029	-5.439	-0.023	-7.545	-0.024	-8.273	-0.022	-6.321
DD	-0.000	-1.055	-0.000	-0.818	-0.000	-1.548	-0.000	-1.205	-0.000	-0.355	-0.001	-3.887	-0.001	-7.011	-0.001	-10.929	-0.001	-4.58
HOW5	-0.012	-0.434	-0.018	-0.706	-0.027	-1.24	-0.083	-1.389	-0.119	-2.005	-0.075	-1.427	-0.031	-1.231	-0.043	-1.834	-0.005	-0.221
SIZE	-0.006	-2.352	-0.007	-2.202	-0.005	-1.947	-0.021	-3.435	-0.025	-5.292	-0.012	-2.007	0.005	1.535	0.007	2.482	0.007	2.442
LEV	0.000	1.483	0.000	1.589	0.000	1.579	0.000	1.160	0.001	1.322	0.000	0.620	0.000	0.336	0.000	-0.329	0.000	-0.090
ROE	0.001	2.012	0.001	1.795	0.001	1.714	0.000	0.119	0.000	0.217	0.000	0.562	0.000	0.597	0.000	0.183	0.000	0.703
Q	0.003	4.677	0.003	4.141	0.003	4.499	-0.001	-2.166	0.000	-0.160	-0.001	-5.650	0.005	16.353	0.005	15.384	0.005	10.133
Adj. R^2	0.130		0.101		0.255		0.683		0.714		0.397		0.432		0.532		0.383	
F统计	6.118		4.832		12.664		31.365		36.235		10.291		16.044		23.468		13.259	
P值	0.000		0.000		0.000		0.000		0.000		0.000		0.000		0.000		0.000	

附表 2　华东地区高管团队人力资本指数对投资效率的回归结果

变量	全样本组 系数	全样本组 t值					投资过度组 系数	投资过度组 t值					投资不足组 系数	投资不足组 t值
C	-0.087	-1.438	-0.167	-2.742	-0.104	-1.749	0.060	2.423	0.036	2.097	0.051	2.65	0.065	1.988	0.039	2.796	0.054	3.788
PCI1	-0.002	-0.759					-0.005	-2.496	-0.001	-1.444			-0.005	-2.305				
PCI2			-0.009	-2.796							-0.005	-1.983			-0.001	-1.368		
PCI3					-0.000	-0.038											-0.005	-1.855
EFCF	-0.007	-2.66	-0.007	-2.747	-0.007	-2.750	0.001	0.71	0.001	0.497	0.001	0.731	0.001	0.828	0.001	0.461	0.001	0.696
DD	-0.000	-1.720	-0.000	-0.936	-0.000	-1.453	-0.000	-3.271	-0.000	-2.931	-0.000	-2.835	0.000	-1.559	0.000	-3.000	0.000	-2.789
HOWN5	0.007	0.404	0.008	0.442	0.007	0.400	-0.022	-3.899	-0.012	-2.921	-0.018	-3.471	-0.025	-2.434	-0.015	-3.926	-0.021	-4.214
SIZE	0.007	2.356	0.010	3.526	0.008	2.623	-0.000	-0.038	0.001	0.999	0.000	0.329	0.000	-0.254	0.001	0.944	0.000	0.091
LEV	-0.000	-4.011	-0.001	-4.435	-0.001	-4.249	-0.000	-3.835	-0.000	-4.357	-0.000	-3.799	0.000	-3.808	0.000	-4.158	0.000	-3.700
ROE	0.000	0.685	0.000	1.126	0.000	0.997	0.000	5.015	0.000	3.742	0.000	5.692	0.000	1.538	0.000	3.548	0.000	4.922
Q	0.007	7.465	0.007	8.924	0.007	7.87	0.003	8.388	0.003	7.574	0.003	8.227	0.003	7.162	0.003	7.544	0.003	8.202
Adj. R^2	0.122		0.195		0.147		0.373		0.323		0.326		0.362		0.319		0.319	
F 统计	10.974		18.425		13.375		22.781		18.491		18.706		21.846		18.203		18.176	
P 值	0.000		0.000		0.000		0.000		0.000		0.000		0.000		0.000		0.000	

附表 3　　华南地区高管团队人力资本指数对投资效率的回归结果

变量	全样本组 系数	全样本组 t值	全样本组 系数	全样本组 t值	投资过度组 系数	投资过度组 t值	投资过度组 系数	投资过度组 t值	投资不足组 系数	投资不足组 t值	投资不足组 系数	投资不足组 t值
C	-0.076	-1.163	-0.203	-2.238	0.040	0.150	-0.317	-2.198	-0.158	-5.352	-0.197	-5.206
PCI1	-0.007	-3.953			-0.008	-2.284			-0.009	-2.657		
PCI2			-0.020	-3.930			-0.073	-14.119			-0.001	-0.251
PCI3			-0.022	-4.284			-0.034	-3.926				
EFCF	-0.015	-3.121	-0.013	-3.413	0.006	1.082	0.005	1.064	-0.019	-15.474	-0.020	-21.990
DD	-0.000	-2.084	-0.001	-1.813	-0.001	-1.709	-0.000	-0.889	0.000	2.490	0.000	2.923
HOWN5	0.018	0.432	0.044	1.226	-0.016	-0.334	-0.033	-0.471	-0.009	-0.508	-0.016	-1.208
SIZE	0.005	1.790	0.012	2.837	0.001	0.083	0.017	1.833	0.008	7.736	0.010	7.297
LEV	0.000	0.373	0.000	-1.295	0.000	2.058	0.000	0.267	-0.000	-2.611	0.000	-1.551
ROE	-0.001	-1.448	-0.001	-0.948	-0.001	-0.942	-0.000	-0.630	0.000	1.354	0.000	1.439
Q	0.008	17.580	0.009	14.452	0.014	17.718	0.013	14.945	0.004	4.697	0.004	5.714
Adj. R^2	0.225		0.221		0.636		0.671		0.317		0.326	
F统计	12.626		12.374		36.230		42.027		10.157		10.567	
P值	0.000		0.000		0.000		0.000		0.000		0.000	

附录

附表 4　其他地区高管团队人力资本指数对投资效率的回归结果

变量	全样本组 系数	全样本组 t值	全样本组 系数	全样本组 t值	全样本组 系数	全样本组 t值	投资过度组 系数	投资过度组 t值	投资过度组 系数	投资过度组 t值	投资过度组 系数	投资过度组 t值	投资不足组 系数	投资不足组 t值	投资不足组 系数	投资不足组 t值
C	0.053	0.729	0.098	1.247	0.078	1.685	0.514	3.933	0.583	3.604	0.375	1.936	-0.129	-3.659	-0.065	-1.239	-0.08	-1.601
PCI1	-0.011	-2.983					-0.02	-2.55					-0.014	-5.929				
PCI2			-0.001	-0.616					-0.016	-2.607					-0.000	-0.158		
PCI3					-0.002	-0.337					-0.005	-0.384					-0.004	-0.84
EFCF	-0.006	-6.029	-0.006	-6.75	-0.007	-6.355	-0.012	-4.403	-0.012	-5.818	-0.012	-4.145	-0.004	-3.225	-0.004	-2.409	-0.003	-2.222
DD	0.000	0.245	0.000	-0.052	0.000	0.301	-0.001	-2.949	-0.002	-4.559	-0.001	-4.71	-0.001	-4.145	-0.001	-4.062	-0.001	-4.273
HOWN5	0.035	1.775	0.02	1.323	0.023	1.182	0.094	3.406	0.062	1.834	0.064	1.693	0.034	1.842	0.021	1.063	0.023	1.09
SIZE	-0.001	-0.228	-0.003	-0.574	-0.002	-0.98	-0.02	-2.575	-0.022	-2.457	-0.014	-1.386	0.009	4.846	0.006	2.008	0.007	2.452
LEV	0.000	0.309	0.000	0.395	0.000	0.332	-0.000	-1.691	-0.000	-1.137	-0.000	-1.777	-0.000	-0.169	0.000	1.217	0.000	0.845
ROE	0.000	0.435	0.000	-0.120	0.000	-0.111	-0.000	-1.571	-0.001	-1.639	-0.001	-2.378	-0.000	-2.121	-0.000	-1.16	-0.000	-1.373
Q	0.003	7.449	0.003	10.717	0.003	10.062	0.01	4.195	0.011	4.624	0.011	4.869	0.003	14.249	0.003	11.607	0.003	11.211
Adj. R²	0.079		0.084		0.075		0.735		0.524		0.554		0.833		0.496		0.484	
F统计	3.934		4.16		3.791		39.165		16.121		18.09		102.234		20.954		20.002	
P值	0.000		0.000		0.000		0.000		0.000		0.000		0.000		0.000		0.000	

附表5　华东地区高管团队人力资本与内部控制交互回归结果

变量	全样本组 平均值指数 PCI1	全样本组 异质性指数 PCI2	全样本组 综合指数 PCI3	投资过度组 平均值指数 PCI1	投资过度组 异质性指数 PCI2	投资过度组 综合指数 PCI3	投资不足组 平均值指数 PCI1	投资不足组 异质性指数 PCI2	投资不足组 综合指数 PCI3
C	0.045 (0.666)	-0.005 (-0.051)	0.129* (1.726)	0.144 (1.351)	0.220* (1.869)	0.215** (2.167)	0.145 (1.422)	0.222** (1.960)	0.218** (2.255)
ICQ	-0.029** (-2.425)	-0.021 (-1.554)	-0.040*** (-3.345)	-0.015 (-1.16)	-0.027 (-1.477)	-0.026* (-1.941)	-0.014 (-1.211)	-0.026 (-1.551)	-0.025** (-2.018)
PCI1	-0.002 (-1.169)			-0.238** (-2.353)			-0.279*** (-3.017)		
PCI1 × ICQ	-0.002** (-1.970)			-0.036** (-2.291)			-0.042*** (-2.945)		
PCI2		-0.341*** (-4.843)			-0.026 (-0.451)			-0.029 (-0.508)	
PCI2 × ICQ		-0.054*** (-4.621)			-0.004 (-0.479)			-0.005 (-0.532)	
PCI3			-0.007*** (-7.753)			-0.124 (-1.583)			-0.147 (-1.508)
PCI3 × ICQ			-0.002* (-1.839)			0.018 (1.553)			0.022 (1.487)
EFCF	-0.006*** (-4.0451)	-0.006*** (-4.714)	-0.007*** (-4.495)	0.000 (0.068)	0.000 (0.025)	0.000 (0.104)	0.000 (0.117)	0.000 (0.117)	0.000 (0.126)

续表

变量	全样本组 平均值指数 PCI1	全样本组 异质性指数 PCI2	全样本组 综合指数 PCI3	投资过度组 平均值指数 PCI1	投资过度组 异质性指数 PCI2	投资过度组 综合指数 PCI3	投资不足组 平均值指数 PCI1	投资不足组 异质性指数 PCI2	投资不足组 综合指数 PCI3
DD	-0.000* (-1.850)	-0.000 (-0.879)	-0.000 (-1.310)	-0.000*** (-2.887)	-0.000*** (-3.540)	-0.000*** (-3.046)	-0.000*** (-3.038)	-0.000*** (-3.038)	-0.000*** (-2.863)
HOWN5	0.003 (0.344)	-0.002 (-0.209)	0.003 (0.387)	-0.017* (-1.928)	-0.008 (-1.024)	-0.013 (-1.421)	-0.013** (-1.974)	-0.013** (-1.974)	-0.018** (-2.410)
SIZE	0.009*** (3.087)	0.009*** (2.619)	0.009*** (2.675)	0.001 (0.34)	0.001 (0.352)	0.001 (0.299)	0.000 (0.089)	0.000 (0.089)	0.000 (0.085)
LEV	-0.000*** (-3.269)	-0.001*** (-2.973)	-0.001 (-3.404)	0.000*** (-3.437)	-0.000*** (-3.751)	-0.000*** (-3.357)	-0.000*** (-3.455)	-0.000*** (-3.455)	-0.000*** (-3.181)
ROE	0.000 (1.291)	0.000 (1.152)	0.000 (1.517)	0.000* (1.780)	0.000*** (3.227)	0.000** (2.179)	0.000*** (3.095)	0.000*** (3.095)	0.000* (1.841)
Q	0.007*** (14.357)	0.007*** (9.534)	0.007*** (10.642)	0.003*** (7.047)	0.003*** (8.708)	0.003*** (7.378)	0.003*** (9.249)	0.003*** (9.249)	0.003*** (7.692)
ADJ. R²	0.142	0.157	0.165	0.396	0.279	0.335	0.358	0.261	0.300
F-statistic	10.503*** 0.000	11.679*** 0.000	12.353 0.000	20.226*** 0.000	12.343*** 0.000	15.754 0.000	17.427*** 0.000	11.371*** 0.000	13.612*** 0.000

注：( ) 中的数字是 t 值；*、**、*** 分别表示在 1%、5% 和 10% 的水平上显著。

附表6　　华南地区高管团队人力资本与内部控制交互回归结果

变量	全样本组 平均值指数 PCI1	全样本组 异质性指数 PCI2	全样本组 综合指数 PCI3	投资过度组 平均值指数 PCI1	投资过度组 异质性指数 PCI2	投资过度组 综合指数 PCI3	投资不足组 平均值指数 PCI1	投资不足组 异质性指数 PCI2	投资不足组 综合指数 PCI3
C	-0.148 (-1.059)	-0.401** (-2.363)	-0.308** (-2.283)	-0.077 (-0.326)	0.037 (0.081)	-0.707*** (-2.711)	-0.410*** (-6.637)	-0.599*** (-9.123)	-0.388*** (-5.971)
ICQ	-0.006 (-0.383)	-0.030 (-1.502)	-0.020 (-1.334)	-0.025 (0.706)	-0.056 (-1.399)	-0.062** (-2.008)	-0.036** (-2.618)	-0.058*** (-5.224)	-0.028*** (-2.737)
PCI1	-0.109 (-0.51)			-1.212* (-1.759)			-0.305* (-1.932)		
PCI1×ICQ	-0.018 (-0.539)			-0.184* (-1.74)			-0.048** (1.974)		
PCI2		-0.496** (-2.398)			-1.367*** (-3.478)			-0.625*** (11.165)	
PCI2×ICQ		-0.079** (-2.500)			-0.200*** (-3.346)			-0.096*** (-11.208)	
PCI3			-0.260 (-0.890)			-0.542 (-0.416)			-0.117 (-0.790)
PCI3×ICQ			-0.043 (-0.942)			-0.079 (-0.393)			-0.018 (-0.773)
EFCF	-0.013*** (-2.954)	-0.013*** (-4.650)	-0.012*** (-2.703)	0.010** (1.964)	0.021*** (3.184)	0.006** (1.792)	-0.019*** (-16.209)	-0.022*** (-10.405)	-0.020*** (-20.229)

续表

变量	全样本组 平均值指数 PCI1	全样本组 异质性指数 PCI2	全样本组 综合指数 PCI3	投资过度组 平均值指数 PCI1	投资过度组 异质性指数 PCI2	投资过度组 综合指数 PCI3	投资不足组 平均值指数 PCI1	投资不足组 异质性指数 PCI2	投资不足组 综合指数 PCI3
DD	-0.000** (-2.530)	-0.000*** (-2.797)	-0.000** (-2.066)	-0.001** (-2.246)	-0.000 (-1.329)	-0.000 (-1.113)	0.000** (2.071)	0.001*** (4.451)	0.001*** (2.830)
HOWN5	0.019 (0.471)	0.038 (0.874)	-0.023 (-0.628)	-0.035 (-0.781)	-0.038 (-1.433)	-0.01 (-0.149)	-0.011 (-0.565)	-0.041* (-1.737)	-0.024 (-1.427)
SIZE	0.007*** (2.731)	0.012*** (3.713)	0.010*** (3.516)	-0.001 (-0.070)	0.019* (1.940)	0.016* (1.786)	0.009*** (7.316)	0.011*** (5.256)	0.010*** (11.915)
LEV	-0.000 (-0.315)	-0.000 (-0.806)	0.000 (0.388)	0.000** (2.333)	-0.000* (-1.702)	0.000 (0.073)	-0.000* (-1.805)	-0.000 (-0.996)	-0.000 (-0.686)
ROE	-0.001 (-1.542)	-0.001 (-1.042)	-0.001* (-1.672)	-0.000 (-0.594)	-0.001** (-2.482)	-0.001 (-1.022)	0.000 (0.751)	0.001** (2.465)	0.000 (0.358)
Q	0.008*** (16.791)	0.008*** (15.204)	0.009*** (12.047)	0.015*** (19.002)	0.013*** (13.236)	0.014*** (22.146)	0.004*** (5.193)	0.004*** (4.632)	0.004*** (6.075)
ADJ. R²	0.182	0.250	0.194	0.665	0.728	0.716	0.344	0.535	0.356
F-statistic	8.162*** 0.000	11.682*** 0.000	8.706*** 0.000	32.967 0.000	44.143 0.000	41.608 0.000	9.282 0.000	19.196 0.000	9.720 0.000

注：( ) 中的数字是 t 值；*、**、*** 分别表示在 1%、5% 和 10% 的水平上显著。

附表7 华北地区高管团队人力资本与内部控制交互回归结果

变量	全样本组 平均值指数 PCI1	全样本组 异质性指数 PCI2	全样本组 综合指数 PCI3	投资过度组 平均值指数 PCI1	投资过度组 异质性指数 PCI2	投资过度组 综合指数 PCI3	投资不足组 平均值指数 PCI1	投资不足组 异质性指数 PCI2	投资不足组 综合指数 PCI3
C	-0.028 (-0.251)	0.005 (0.043)	-0.067 (-0.638)	-0.292 (-0.784)	-0.352* (-1.707)	-0.510* (-1.707)	-0.020* (-0.176)	0.227 (0.969)	-0.051 (-0.442)
ICQ	-0.031** (-2.425)	0.020 (1.568)	-0.034** (-2.668)	-0.145*** (-2.965)	-0.114*** (-4.526)	-0.165*** (-3.677)	-0.012 (-0.744)	-0.051 (-1.424)	-0.004 (-0.186)
PCI1	-0.010 (-0.534)			-0.198 (-0.426)			-0.357*** (-5.399)		
PCI1 × ICQ	-0.002 (-0.686)			-0.033 (-0.467)			-0.056*** (-5.223)		
PCI2		-0.122 (-1.133)			-0.181 (-0.341)			-0.521*** (-3.463)	
PCI2 × ICQ		0.018 (1.094)			-0.029 (-0.351)			-0.080*** (-3.495)	
PCI3			0.016 (0.207)			0.674 (0.716)			-0.426*** (-5.079)
PCI3 × ICQ			-0.002 (-0.197)			-0.101 (-0.702)			-0.066*** (-5.162)
EFCF	0.001 (0.622)	0.003** (1.975)	0.003** (1.727)	0.031*** (6.858)	0.029*** (9.19)	0.032*** (6.834)	-0.024*** (-9.324)	-0.024*** (-7.139)	-0.023*** (-8.169)

续表

	全样本组			投资过度组			投资不足组		
变量	平均值指数 PCI1	异质性指数 PCI2	综合指数 PCI3	平均值指数 PCI1	异质性指数 PCI2	综合指数 PCI3	平均值指数 PCI1	异质性指数 PCI2	综合指数 PCI3
DD	0.000 (0.854)	0.000 (1.497)	0.000 (1.085)	−0.001*** (−4.059)	−0.001*** (−4.495)	−0.001*** (−4.045)	−0.001*** (−12.173)	−0.001*** (−4.890)	−0.001*** (−6.817)
HOWN5	−0.017 (−0.662)	−0.026 (−1.117)	−0.011 (−0.394)	−0.088 (−1.173)	−0.037 (−0.607)	−0.063 (−0.875)	−0.057** (−2.375)	−0.020 (−0.738)	−0.038 (−1.463)
SIZE	−0.007** (−2.441)	−0.005* (−1.874)	−0.006** (−2.472)	−0.027*** (−4.232)	−0.014*** (−2.824)	−0.022*** (−3.598)	0.005** (1.799)	0.005 (1.481)	0.004 (1.179)
LEV	0.000 (1.635)	0.000 (1.603)	0.000 (1.419)	0.001*** (3.848)	0.001 (1.668)	0.001*** (3.309)	−0.000 (−0.260)	0.000 (0.083)	0.000 (0.372)
ROE	0.001 (1.409)	0.001 (1.396)	0.001* (1.686)	−0.001 (−1.654)	−0.000 (−0.583)	−0.001* (−1.898)	0.000 (0.738)	0.000 (1.457)	0.000 (0.903)
Q	0.003*** (4.208)	0.003*** (4.683)	0.003*** (4.729)	0.000 (0.499)	−0.001*** (−4.022)	−0.000 (−1.3)	0.005*** (15.536)	0.004*** (13.811)	0.005*** (24.270)
ADJ. R^2	0.103	0.227	0.148	0.411	0.330	0.336	0.572	0.404	0.447
F−statistic	4.142*** 0.000	8.996*** 0.000	5.737*** 0.000	8.887*** 0.000	6.559*** 0.000	6.725*** 0.000	22.136*** 0.000	11.725*** 0.000	13.790*** 0.000

注：( ) 中的数字是 t 值；*、**、*** 分别表示在 1%、5% 和 10% 的水平上显著。

附表8 其他地区高管团队人力资本与内部控制交互回归结果

变量	全样本组 平均值指数 PCI1	全样本组 异质性指数 PCI2	全样本组 综合指数 PCI3	投资过度组 平均值指数 PCI1	投资过度组 异质性指数 PCI2	投资过度组 综合指数 PCI3	投资不足组 平均值指数 PCI1	投资不足组 异质性指数 PCI2	投资不足组 综合指数 PCI3
C	0.311*** (2.723)	0.282** (2.591)	0.288*** (3.588)	0.67*** (4.813)	1.747*** (6.792)	1.012*** (5.053)	-0.035 (-0.318)	0.050 (0.582)	-0.038 (-0.302)
ICQ	-0.041*** (-2.875)	-0.031** (-1.964)	-0.030** (-2.394)	-0.032 (-0.847)	-0.191** (-2.585)	-0.077** (-2.029)	-0.015 (-0.835)	-0.019 (-1.038)	-0.007 (-0.337)
PCI1	-0.173 (-1.30)			-0.259 (-0.315)			0.077 (0.970)		
PCI1×ICQ	-0.025 (-1.184)			-0.037 (-0.290)			-0.014 (-1.114)		
PCI2		-0.022 (-0.174)			-1.926*** (-6.934)			-0.007 (-0.084)	
PCI2×ICQ		-0.003 (-0.168)			-0.299*** (-7.024)			-0.001 (-0.081)	
PCI3			-0.255 (-1.214)			-0.230 (-0.232)			-0.391** (2.211)
PCI3×ICQ			-0.039 (-1.186)			0.034 (0.224)			-0.061** (-2.221)
EFCF	-0.005*** (-4.062)	-0.007*** (-4.542)	-0.006*** (-3.927)	-0.012*** (-4.433)	-0.009*** (-2.345)	-0.013*** (-4.112)	-0.003*** (-3.564)	-0.004*** (-3.347)	-0.003*** (-3.364)

续表

变量	全样本组			投资过度组			投资不足组		
	平均值指数 PCI1	异质性指数 PCI2	综合指数 PCI3	平均值指数 PCI1	异质性指数 PCI2	综合指数 PCI3	平均值指数 PCI1	异质性指数 PCI2	综合指数 PCI3
DD	0.000 (0.257)	-0.000 (-0.104)	0.000 (0.297)	-0.001*** (-5.118)	-0.000 (-0.473)	-0.001*** (-3.399)	-0.001*** (-4.741)	-0.001*** (-3.553)	-0.001*** (-4.299)
HOWN5	0.035* (1.778)	0.018 (0.982)	0.017 (0.973)	0.094 (1.618)	0.142*** (11.884)	0.079 (1.623)	0.032*** (3.274)	0.022*** (3.236)	0.021** (2.614)
SIZE	-0.000 (-0.128)	-0.002 (-0.534)	-0.003 (-0.93)	-0.017** (-1.920)	-0.022 (-1.517)	-0.019** (-2.438)	0.009*** (6.838)	0.006** (2.587)	0.007*** (3.766)
LEV	-0.000 (-0.254)	-0.000 (-0.001)	-0.000 (-0.082)	-0.000 (-1.212)	-0.000 (-0.506)	-0.000 (-1.591)	0.000 (0.056)	0.000 (0.993)	0.000 (0.916)
ROE	0.000 (1.426)	0.000 (0.522)	0.000 (0.710)	-0.000 (-1.146)	-0.001 (-0.888)	-0.001* (-1.684)	-0.000 (-0.827)	-0.000 (-1.268)	-0.000 (-0.936)
Q	0.003*** (7.985)	0.003*** (11.377)	0.003*** (11.609)	0.010*** (3.802)	0.012*** (4.188)	0.010*** (4.289)	0.003*** (24.744)	0.003*** (12.529)	0.003*** (11.155)
ADJ. R²	0.087	0.074	0.074	0.647	0.931	0.523	0.624	0.502	0.472
F-statistic	3.627*** 0.000	3.183*** 0.001	3.193*** 0.001	21.160*** 0.000	14.999*** 0.000	22.818*** 0.000	27.845*** 0.000	17.353*** 0.000	15.459*** 0.000

注：()中的数字是t值；*、**、***分别表示在1%、5%和10%的水平上显著。

参考文献

[1] 白俊，连立帅. 国企过度投资溯因：政府干预抑或管理层自利？[J]. 会计研究，2014（2）：41-48，95.

[2] 蔡传里，许家，林夏恩·桑德. 会计与控制理论[J]. 财会月刊，2006（19）：52-53.

[3] 曹学，翟运开. 高科技企业人力资本价值整合研究[J]. 武汉大学学报（哲学社会科学版），2008（1）：30-35.

[4] 曹亚勇，王建琼，于丽丽. 公司社会责任信息披露与投资效率的实证研究[J]. 管理世界，2012（12）：183-185.

[5] 陈汉文，董望. 财务报告内部控制研究述评——基于信息经济学的研究范式[J]. 厦门大学学报（哲学社会科学版），2010（3）：20-27.

[6] 陈汉文，周中胜. 内部控制质量与企业债务融资成本[J]. 南开管理评论，2014，17（3）：103-111.

[7] 陈汉文. 建立适合我国国情的内部控制评价体系[N]. 证券时报，2010-06-11（A10）.

[8] 陈浩. 人力资本对经济增长影响的结构分析[J]. 数量经济技术经济研究，2007，24（8）：59-68.

[9] 陈伟民. 高层管理团队特征与企业业绩关系理论述评[J]. 郑州航空工业管理学院学报，2006，24（6）：97-100.

[10] 陈运森，谢德仁. 网络位置、独立董事治理与投资效率[J]. 管理世界，2011（7）：113-127.

[11] 陈忠卫，常极. 高管团队异质性、集体创新能力与公司绩效

关系的实证研究［J］. 软科学，2009，23（9）：78-83.

［12］程浩. 资本结构、在职消费与企业投资——来自我国垄断企业的经验证据［J］. 宏观经济研究，2013（2）：61-71，79.

［13］程新生，谭有超，刘建梅. 非财务信息、外部融资与投资效率——基于外部制度约束的研究［J］. 管理世界，2012（7）：137-150，188.

［14］程智荣. 内部控制确否显著降低资本成本探讨［J］. 现代财经（天津财经大学学报），2012（6）：50-60.

［15］程仲鸣，夏新平，余明桂. 政府干预、金字塔结构与地方国有上市公司投资［J］. 管理世界，2008（9）：37-47.

［16］池国华，杨金，郭菁晶. 内部控制、EVA考核对非效率投资的综合治理效应研究——来自国有控股上市公司的经验证据［J］. 会计研究，2016（10）：63-70.

［17］池国华，杨金，邹威. 高管背景特征对内部控制质量的影响研究——来自中国A股上市公司的经验证据［J］. 会计研究，2016（10）：63-70.

［18］代昀昊，孔东民. 高管海外经历是否能提升企业投资效率［J］. 世界经济，2017，40（1）：168-192.

［19］邓学芬，黄功勋，张学英等. 企业人力资本与企业绩效关系的实证研究——以高新技术企业为例［J］. 宏观经济研究，2012（1）：73-79.

［20］丁瑞玲，王允平. 从典型案例分析看企业内部控制环境建设的必要性［J］. 审计研究，2005（5）：63-67.

［21］方红星，戴捷敏. 公司动机、审计师声誉和自愿性内部控制鉴证报告——基于A股公司2008~2009年年报的经验研究［J］. 会计研究，2012（2）：87-95，97.

［22］方红星，金玉娜. 高质量内部控制能抑制盈余管理吗？——基于自愿性内部控制鉴证报告的经验研究［J］. 会计研究，2011（8）：53-60.

[23] 方红星,金玉娜. 公司治理、内部控制与非效率投资:理论分析与经验证据[J]. 会计研究,2013(7):63-69,97.

[24] 方红星,刘丹. 内部控制质量与审计师变更——来自我国上市公司的经验证据[J]. 审计与经济研究,2013(2):16-24.

[25] 方明,付子俊. 高管团队异质性与创业板上市公司非效率投资——大股东参与公司治理的调节作用[J]. 财会月刊,2017(11):10-16.

[26] 方竹兰. 人力资本所有者拥有企业所有权是一个趋势:兼与张维迎博士商榷[J]. 经济研究,1997(6):36-40.

[27] 盖地,盛常艳. 内部控制缺陷及其修正对审计收费的影响——来自中国A股上市公司的数据[J]. 审计与经济研究,2013,28(3):21-27.

[28] 高艳. 企业人力资本管理模式比较研究——基于人力资本投资的视角[R]. 软科学国际研讨会,2012.

[29] 韩静,陈志红,杨晓星. 高管团队背景特征视角下的会计稳健性与投资效率关系研究[J]. 会计研究,2014(12):25-31,95.

[30] 何子成. 谈谈加强内部有效控制的问题[J]. 湖南人文科技学院学报,2003(4):114-116.

[31] 胡永远. 人力资本与经济增长:一个协整分析[J]. 科技管理研究,2005(4),88-90.

[32] 江新峰,张东旭. 政治关联、分析师跟踪与中小企业投资效率——以制造业为例[J]. 贵州财经大学学报,2014,32(6):57-65.

[33] 姜付秀,伊志宏,苏飞. 管理者背景特征与企业过度投资行为[J]. 管理世界,2009(1):138-147.

[34] 金宇超,靳庆鲁,宣扬. "不作为"或"急于表现":企业投资中的政治动机[J]. 经济研究,2016,51(10):126-139.

[35] 李海峥等,中国人力资本报告[R/OL]. 中央财经大学:中

国人力资本与劳动经济研究中心. http://humancapital.cufe.edu.cn/rlzbzsxm.htm.

[36] 李青原. 会计信息质量,审计监督与公司投资效率——来自我国上市公司的经验证据[J]. 审计研究, 2009 (4): 65-73.

[37] 李胜楠,吴泥锦,曾格凯茜,解延宏. 环境不确定性、高管权力与过度投资[J]. 财贸研究, 2015, 26 (4): 111-121.

[38] 李万福,林斌,舒伟等. 基于内部控制视角ERP系统实施的改进研究——以盛威尔公司为例[J]. 审计研究, 2011 (1): 84-89.

[39] 李万福,林斌,宋璐. 内部控制在公司投资中的角色:效率促进还是抑制?[J]. 管理世界, 2011 (2): 81-99, 188.

[40] 李维安,马超. "实业+金融"的产融结合模式与企业投资效率——基于中国上市公司控股金融机构的研究[J]. 金融研究, 2014 (11): 109-126.

[41] 李维安等, 2015中国上市公司治理评价研究报告[M], 北京:商务印书馆, 2016: 256-270.

[42] 李云鹤. 公司过度投资源于管理者代理还是过度自信[J]. 世界经济, 2014, 37 (12): 95-117.

[43] 连玉君,程建. 投资—现金流敏感性:融资约束还是代理成本?[J]. 财经研究, 2007, 33 (2): 37-46.

[44] 连玉君,苏治. 融资约束、不确定性与上市公司投资效率[J]. 管理评论, 2009, 21 (1): 19-26.

[45] 林钟高,曾祥飞,储姣娇. 内部控制治理效率:基于成本收益视角的研究[J]. 审计与经济研究, 2011, 26 (1): 81-89.

[46] 刘彬. 基于财务报告的内部控制对会计信息质量的影响——来自深交所上市公司的经验证据[J]. 经济与管理研究, 2013 (11): 101-108.

[47] 刘斌,吴娅玲. 会计稳健性与资本投资效率的实证研究[J]. 审计与经济研究, 2011, 26 (4): 60-68.

[48] 刘行, 叶康涛. 企业的避税活动会影响投资效率吗? [J]. 会计研究, 2013 (6): 47-53, 96.

[49] 刘军, 周绍伟. 人力资本承载力与有效人才流动 [J]. 管理世界, 2004 (8): 139-140.

[50] 刘启亮, 罗乐, 张雅曼, 陈汉文. 高管集权、内部控制与会计信息质量 [J]. 南开管理评论, 2013, 16 (1): 15-23.

[51] 刘焱, 姚海鑫. 高管权力、审计委员会专业性与内部控制缺陷 [J]. 南开管理评论, 2014 (2): 4-12.

[52] 柳建华, 卢锐, 孙亮. 公司章程中董事会对外投资权限的设置与企业投资效率——基于公司章程自治的视角 [J]. 管理世界, 2015 (7): 130-142, 157.

[53] 卢锐, 柳建华, 许宁. 内部控制、产权与高管薪酬业绩敏感性 [J]. 会计研究, 2011 (10): 42-48.

[54] 卢馨, 张乐乐, 李慧敏, 丁艳平. 高管团队背景特征与投资效率——基于高管激励的调节效应研究 [J]. 审计与经济研究, 2017, 32 (2): 66-77.

[55] 卢馨. 企业人力资本、R&D 与自主创新——基于高新技术上市企业的经验证据 [J]. 暨南学报（哲学社会科学版), 2013, 35 (1): 104-117, 163.

[56] 逯东, 王运陈, 付鹏. CEO 激励提高了内部控制有效性吗?——来自国有上市公司的经验证据 [J]. 会计研究, 2014 (6): 66-72, 97.

[57] 罗付岩, 沈中华. 股权激励、代理成本与企业投资效率 [J]. 财贸研究, 2013, 24 (2): 146-156.

[58] 罗明琦. 企业产权、代理成本与企业投资效率——基于中国上市公司的经验证据 [J]. 中国软科学, 2014 (7): 172-184.

[59] 罗琦, 肖文翀, 夏新平. 融资约束抑或过度投资——中国上市企业投资—现金流敏感度的经验证据 [J]. 中国工业经济, 2007

(9): 103-110.

[60] 罗正英, 詹乾隆, 段姝. 内部控制质量与企业高管薪酬契约 [J]. 中国软科学, 2016 (2): 169-178.

[61] 骆良彬, 王河流. 基于AHP的上市公司内部控制质量模糊评价 [J]. 审计研究, 2008 (6): 84-90.

[62] 吕长江, 张海平. 股权激励计划对公司投资行为的影响 [J]. 管理世界, 2011 (11): 118-126, 188.

[63] 马胜, 汪瑞. 创业板公司投资行为与治理因素的激励、约束效应研究 [J]. 西南民族大学学报 (人文社科版), 2014 (2): 101-107.

[64] 潘立生, 安培. 创业板上市公司投资效率研究 [J]. 财会月刊, 2011 (29): 11-13.

[65] 潘前进, 王君彩. 管理层能力与资本投资效率研究——基于投资现金流敏感性的视角 [J]. 中央财经大学学报, 2015 (2): 90-97.

[66] 彭佑元, 王婷. 基于网络DEA的科技创新型企业投资效率评价分析 [J]. 工业技术经济, 2016, 35 (1): 83-91.

[67] 冉茂盛, 钟海燕, 文守逊等. 大股东控制影响上市公司投资效率的路径研究 [J]. 中国管理科学, 2010, 18 (4): 165-172.

[68] 任宇, 谢杰. 基于培训视角的人力资本投资与企业绩效——中国非上市工业企业层面的截面数据分析 [J]. 经济经纬, 2012 (2): 130-134.

[69] 孙光国, 杨金凤. 高质量的内部控制能提高会计信息透明度吗? [J]. 财经问题研究, 2013 (7): 77-86.

[70] 孙海法, 姚振华, 严茂胜. 高管团队人口统计特征对纺织和信息技术公司经营绩效的影响 [J]. 南开管理评论, 2006, 9 (6): 61-67.

[71] 孙慧, 程柯. 政府层级、内部控制与投资效率——来自国有上市公司的经验证据 [J]. 会计与经济研究, 2013, 27 (3): 65-74.

［72］覃家琦，齐寅峰，李莉．微观企业投资效率的度量：基于全要素生产率的理论分析［J］．经济评论，2009（2）：133-141．

［73］田祥宇，阎逸夫．高管过度自信、会计稳健性和投资效率——基于我国沪深A股上市公司的实证研究［J］．云南财经大学学报，2017，33（1）：137-149．

［74］王红，梁序娟．人力资本对企业绩效的影响——基于农业上市公司的经验数据［J］．企业研究，2013（11X）：113-114．

［75］王宏，蒋占华．中国上市公司内部控制指数研究［J］．会计研究，2011（12）：20-24．

［76］王嘉歆，黄国良．高管个体特征、薪酬外部不公平性与非效率投资——基于嫉妒心理视角的研究［J］．山西财经大学学报，2016，38（6）：75-87．

［77］王坚强，阳建军．基于DEA模型的企业投资效率评价［J］．科研管理，2010，31（4）：73-80．

［78］王建军，刘红霞．高管团队内部薪酬差距对投资效率影响的实证研究——以A股国有上市公司为例［J］．北京工商大学学报（社会科学版），2015，30（3）：67-74．

［79］王菁，程博．外部盈利压力会导致企业投资不足吗？——基于中国制造业上市公司的数据分析［J］．会计研究，2014（3）：33-40，95．

［80］王晶，彭博，熊焰韧，张萍，张娟．内部控制有效性与会计信息质量——西方内部控制研究文献导读及中国制度背景下的展望（一）［J］．会计研究，2015（6）：87-95，97．

［81］王立勇，石柱鲜．内部控制系统评价定量分析的数学模型［J］．系统工程理论与实践，2005（8）：10-17，43．

［82］王立勇．内部控制系统评价的定量分析模型［J］．财经研究，2004，30（9）：93-102．

［83］王恬．人力资本流动与技术溢出效应——来自我国制造业企业数据的实证研究［J］．经济科学，2008（4）：99-109．

[84] 王煜宇，温涛. 企业内部控制评价模型及运用 [J]. 统计与决策，2005（2x）：131-132.

[85] 王运陈，李明，唐曼萍. 产权性质、内部控制与会计信息质量——来自我国主板上市公司的经验证据 [J]. 财经科学，2015（4）：97-106.

[86] 魏明海，柳建华. 国企分红、治理因素与过度投资 [J]. 管理世界，2007（4）：88-95.

[87] 吴益兵. 内部控制审计、价值相关性与资本成本 [J]. 经济管理，2009（9）：64-69.

[88] 西奥多·W. 舒尔茨. 人力资本投资：教育和研究的作用 [M]. 北京：商务印书馆，1990.

[89] 向凯. 论财务报告质量与公司投资效率 [J]. 中南财经政法大学学报，2009（2）：62-68.

[90] 肖华，张国清. 内部控制质量、盈余持续性与公司价值 [J]. 会计研究，2013（5）：73-80，96.

[91] 谢获宝，谭郁，惠丽丽. 上市公司 IPO 超募与投资效率研究——基于创业板市场的经验证据 [J]. 证券市场导报，2014（1）：19-25.

[92] 谢志华，张庆龙，袁蓉丽. 董事会结构与决策效率 [J]. 会计研究，2011（1）：33-39.

[93] 辛清泉，林斌，杨德明. 中国资本投资回报率的估算和影响因素分析——1999—2004 年上市公司的经验 [J]. 经济学，2007，6（4）：1143-1164.

[94] 徐经长，王胜海. 核心高管特征与公司成长性关系研究——基于中国沪深两市上市公司数据的经验研究 [J]. 经济理论与经济管理，2010（6）：58-65.

[95] 徐倩. 不确定性、股权激励与非效率投资 [J]. 会计研究，2014（3）：41-48，95.

[96] 亚当·斯密. 国富论 [M]. 北京：商务印书馆，1979：

257-258.

[97] 闫华红, 杜同同, 邵应倩. 中国上市公司内部控制信息披露现状 [J]. 经济与管理研究, 2016, 37 (3): 131-136.

[98] 闫志刚. 内部控制质量、企业风险与权益资本成本——理论分析与实证检验 [J]. 经济经纬, 2012 (5): 107-111.

[99] 杨程程, 程小可. 上市公司内部控制缺陷披露与高管薪酬的关联研究 [J]. 东北师大学报（哲学社会科学版）, 2015 (2): 77-80.

[100] 杨德明, 林斌, 王彦超. 内部控制、审计质量与代理成本 [J]. 财经研究, 2009, 35 (12): 40-49.

[101] 杨华军, 胡奕明. 制度环境与自由现金流的过度投资 [J]. 管理世界, 2007 (9): 99-106.

[102] 杨继伟. 股价信息含量与资本投资效率——基于投资现金流敏感度的视角 [J]. 南开管理评论, 2011, 14 (5): 99-108.

[103] 杨林. 高管团队异质性、企业所有制与创业战略导向——基于中国中小企业板上市公司的经验证据 [J]. 科学学与科学技术管理, 2013, 34 (9): 159-171.

[104] 杨有红, 陈凌云. 2007 年沪市公司内部控制自我评价研究——数据分析与政策建议 [J]. 会计研究, 2009 (6): 58-64.

[105] 姚先国, 翁杰. 企业对员工的人力资本投资研究 [J]. 中国工业经济, 2005 (2): 87-95.

[106] 应千伟, 罗党论. 授信额度与投资效率 [J]. 金融研究, 2012 (5): 151-163.

[107] 于而立. 民营企业内部控制环境与控制模式研究——以浙江省为例 [J]. 当代财经, 2009 (11): 81-85.

[108] 于江, 张秋生. 会计稳健性对投资效率的作用机理研究——基于企业并购的研究视角 [J]. 财经理论与实践, 2015, 36 (4): 86-93.

[109] 于忠泊, 田高良. 内部控制评价报告真的有用吗——基于会

计信息质量，资源配置效率视角的研究［J］．山西财经大学学报，2009（10）：110-118．

［110］翟胜宝，易旱琴，郑洁，唐玮，曹学勤．银企关系与企业投资效率——基于我国民营上市公司的经验证据［J］．会计研究，2014（4）：74-80，96．

［111］张超，刘星．内部控制缺陷信息披露与企业投资效率——基于中国上市公司的经验研究［J］．南开管理评论，2015，18（5）：136-150．

［112］张纯，吕伟．信息披露、信息中介与企业过度投资［J］．会计研究，2009（1）：62-67，99．

［113］张帆．中国的物质资本和人力估算［J］．经济研究，2000（8）：66-71．

［114］张建勇，葛少静，赵经纬．媒体报道与投资效率［J］．会计研究，2014（10）：59-65，97．

［115］张军，王军只．内部控制审核与操纵性应计项——来自沪市的经验证据［J］．中央财经大学学报，2009（2）：92-96．

［116］张龙平，王军只，张军．内部控制鉴证对会计盈余质量的影响研究——基于沪市A股公司的经验证据［J］．审计研究，2010（2）：85-92．

［117］张森林，陈光玖，张斌．企业人力资本投资及效益研究［J］．科学管理研究，2009，27（3）：91-95．

［118］张旺峰，张兆国，杨清香．内部控制与审计定价研究——基于中国上市公司的经验证据［J］．审计研究，2011（5）：65-72．

［119］张先治，戴文涛．中国企业内部控制评价系统研究［J］．审计研究，2011（1）：69-78．

［120］赵连静，何忠伟．融资约束、代理冲突与农业上市公司投资效率研究［J］．农业技术经济，2011（4）：85-92．

［121］赵璐，周晓晨．创业板上市公司超募融资及资金使用研究［J］．经济与管理，2014（3）：51-56．

［122］赵西卜，王放，李哲．央企高管的职业生涯关注与投资效率——来自反腐风暴背景下的经验证据［J］．经济理论与经济管理，2015（12）：78-93．

［123］中国上市公司内部控制指数研究课题组，王宏，蒋占华，胡为民，赵丽生，林斌．中国上市公司内部控制指数研究［J］．会计研究，2011（12）：20-24，96．

［124］周其仁．市场里的企业：一个人力资本与非人力资本的特别合约［J］．经济研究，1996（6）：71-79．

［125］周新苗，唐绍祥．自主研发与技术引进对企业绩效影响差异分析［J］．系统科学与数学，2011，31（3）：326-338．

［126］周中胜，陈汉文．会计信息透明度与资源配置效率［J］．会计研究，2008，12：56-62．

［127］朱平芳，徐大丰．中国城市人力资本的估算［J］．经济研究，2007（8）：84-95．

［128］Adams R. B., Ferreira D. Women in the boardroom and their impact on governance and performance［J］. Journal of Financial Economics, 2009, 94（2）：291-309.

［129］Aivazian V. A., Ge Y., Qiu J. Debt Maturity Structure and Firm Investment［J］. Financial Management, 2005, 34（4）：107-119.

［130］Akerlof G. A. The market for "lemons": Quality uncertainty and the market mechanism［J］. The Quarterly Journal of Economics, 1970：488-500.

［131］Alchian A. A., Demsetz H. Production, Information Costs and Economic Organization［J］. The American Economic Review, 1972, 62（5）：777-795.

［132］Altamuro J., Beatty A. How does internal control regulation affect financial reporting?［J］Journal of Accounting & Economics, 2010, 49（1-2）：58-74.

[133] Amason A. C. , Sapienza H. J. The effects of top management team size and interaction norms on cognitive and affective conflict [J]. Journal of Management, 1997, 23 (4): 495–516.

[134] Amason A. C. , Shrader R. C. and Tompson G. H. Newness and novelty: Relating top management team composition to new venture performance [J]. Journal of Business Venturing, 2006, 21 (1): 125–148.

[135] Ashbaugh – Skaife H. , Collins D. W. and Kinney W. R. et al. The effect of SOX internal control deficiencies and their remediation on accrual quality [J]. The Accounting Review, 2008, 83 (1): 217–250.

[136] Ashbaugh – Skaife H. , Collins D. W. and Kinney W R. The discovery and reporting of internal control deficiencies prior to SOX – mandated audits [J]. Journal of Accounting and Economics, 2007, 44 (1): 166–192.

[137] Auden W. C. , Shackman J. D. and Onken M. H. Top management team, international risk management factor and firm performance [J]. Team Performance Management: An International Journal, 2006, 12 (7/8): 209–224.

[138] Auw E. Human capital, capabilities & competitive advantage [J]. International Review of Business Research Papers, 2009, 5 (5): 25–36.

[139] Bantel K. A. , Jackson S. E. Top management and innovations in banking: Does the composition of the top team make a difference? [J]. Strategic Management Journal, 1989 (10): 107–124.

[140] Bargeron L. L. , Lehn K. M. and Zutter C. J. Sarbanes – Oxley and corporate risk – taking [J]. Journal of Accounting and Economics, 2010, 49 (1): 34–52.

[141] Barro R. J. , Lee J. W. Losers and winners in economic growth [J]. The World Bank Economic Review, 1993 (7) (suppl_ 1):

267-298.

[142] Barron J. M. , Black D. A. and Loewenstein M. A. Job matching and on-the-job training [J]. Journal of Labor Economics, 1989, 7 (1): 1-19.

[143] Bartel A. P. Measuring the employer's return on investments in training: evidence from the literature [J]. Industrial Relations, 2000, 39 (3): 502-524.

[144] Bebchuk L. A. , Fried J. M. Executive compensation as an agency problem [J]. Journal of Economic Perspectives, 2003, 17 (3): 71-92.

[145] Bebchuk L. , Fried J. Pay without performance [M]. Harvard University Press, 2004.

[146] Becker G. S. Human capital theory [J]. Columbia, New York, 1964.

[147] Beneish M. D. , Billings M. B. and Hodder L. D. Internal control weaknesses and information uncertainty [J]. Accounting Review, 2008, 83 (3): 665-703.

[148] Bertrand M. , Schoar A. Managing with style: The effect of managers on firm policies [J]. The Quarterly Journal of Economics, 2003, 118 (4): 1169-1208.

[149] Biddle G. C. , Hilary G. Accounting quality and firm-level capital investment [J]. The Accounting Review, 2006, 81 (5): 963-982.

[150] Biddle G. , Hilary G. and Verdi R. How does financial reporting quality improve investment efficiency [R]. Working Paper, 2008.

[151] Billett M. T. , Garfinkel J. A. and Jiang Y. The influence of governance on investment: Evidence from a hazard model [J]. Journal of Financial Economics, 2011, 102 (3): 643-670.

[152] Boden Jr R. J. , Nucci A. R. On the survival prospects of men's

and women's new business ventures [J]. Journal of Business Venturing, 2000, 15 (4): 347-362.

[153] Brandt L., Thun E. The fight for the middle: upgrading, competition, and industrial development in China [J]. World Development, 2010, 38 (11): 1555-1574.

[154] Brochet F. Information Content of Insider Trades before and after the Sarbanes – Oxley Act [J]. Accounting Review, 2010, 85 (2): 419-446.

[155] Carpenter M. A. The implications of strategy and social context for the relationship between top management team heterogeneity and firm performance [J]. Strategic Management Journal, 2002, 24 (3): 275-284.

[156] Charnes A., Cooper W. W. and Rhodes E. Evaluating Program and Managerial Efficiency: An Application of Data Envelopment Analysis to Program Follow Through [J]. Management Science, 1981, 27 (6): 668-697.

[157] Cheng M., Dhaliwal D. and Zhang Y. Does investment efficiency improve after the disclosure of material weaknesses in internal control over financial reporting? [J]. Journal of Accounting and Economics, 2013, 56 (1): 1-18.

[158] Cronqvist H., Heyman F. and Nilsson M. et al., Do Entrenched Managers Pay Their Workers More? [J]. Journal of Finance, 2009, 64 (1): 309-339.

[159] D Koning J. Evaluating training at the company level [J]. International Journal of Manpower, 1993, 14 (2): 94-104.

[160] Dennis C., Mueller and Elizabeth A. Reardon. Rates of Return on Corporate Investment [J]. Southern Economic Journal, 1993, 60 (2): 430-453.

[161] Doyle J., Ge W. and McVay S. Determinants of weaknesses in

internal control over financial reporting [J]. Journal of Accounting and Economics, 2007, 44 (1): 193-223.

[162] Eisenhardt K., Schoonhoven C. Speeding products to market: Waiting time to first product introduction in New Firms Administrative Science Quarterly, 1990, 35 (1): 177-207.

[163] Engel E., R. M. Hayes and X. Wang. The Sarbanes - Oxley Act and firms' going - private decisions [J]. Journal of Accounting & Economics, 2007, 44 (1-2): 116-145.

[164] Fama E., Merton H. M. The Theory of Finance [M]. Dryden Press, 1972.

[165] Fazzari S. M., Hubbard R. G. and Petersen B. C. Finance constraints and corporate investment [J]. Brookings Papers on Economic Activity, 1988, 37.

[166] Finkelstein, Hambrick D. C. Strategic leadership: Top executives and their effects on organizations [M]. by Sydney, West Publishing Company, Minneapolis/St Paul, 1996: xx + 457.

[167] Finkelstein S. Power in top management teams: Dimensions, measurement, and validation [J]. Academy of Management Journal, 1992, 35 (3): 505-538.

[168] FitzRoy F. R., Mueller D. C. Cooperation and conflict in contractual organizations [M]. IIM, Industrial Policy, 1984.

[169] Flood P. C., Fong C. and Smith K. Top management teams and pioneering: A resource based view [J]. The International Journal of Human Resource Management, 1997, 8 (6): 291-306.

[170] Gao F., Wu J. S. and Zimmerman J. Unintended consequences of granting small firms exemptions from securities regulation: Evidence from the Sarbanes - Oxley act [J]. Journal of Accounting Research, 2009, 47 (2): 459-506.

[171] Gibson J., Oxley L. Measuring the stock of human capital in

New Zealand [J]. Mathematics and Computers in Simulation, 2005, 68 (5): 484 - 497.

[172] Giroud X., Mueller H. M. Does corporate governance matter in competitive industries? [J]. Journal of Financial Economics, 2010, 95 (3): 312 - 331.

[173] Gordon L. A., Loeb M. P. and Tseng C. Y. Enterprise risk management and firm performance: A contingency perspective [J]. Journal of Accounting and Public Policy, 2009, 28 (4): 301 - 327.

[174] Govindarajan V. Implementing competitive strategies at the business unit level: Implications of matching managers to strategies [J]. Strategic Management Journal, 1989, 10 (3): 251 - 269.

[175] Greenwald B. et al. Informational Imperfections in the Capital Market and Macro - Economic Fluctuations [J]. Social Science Electronic Publishing, 1984, 74 (2): 194 - 199.

[176] Grimm C. M., Smith K. G. Management and organizational change: A note on the railroad industry [J]. Strategic Management Journal, 1991, 8 (7): 557 - 562.

[177] Grossman S. J., Hart O. D. The Costs and Benefits of Ownership: A Theory of Vertical and Lateral Integration [J]. Journal of Political Economy, 1986, 94: 58 - 84.

[178] Gugler K., Mueller D. C. and Yurtoglu B. B. Corporate governance and the returns on investment [J]. The Journal of Law and Economics, 2004, 47 (2): 589 - 633.

[179] Gupta P. P., Nayar N. Information content of control deficiency disclosures under the Sarbanes - Oxley Act: An empirical investigation [J]. International Journal of Disclosure and Governance, 2007, 4 (1): 3 - 23.

[180] Halko M. L., Kaustia M. and Alanko E. The gender effect in risky asset holdings [J]. Journal of Economic Behavior & Organization,

2012, 83 (1): 66 - 81.

[181] Hambrick D. C., Mason P. A. Upper echelons: The organization as a reflection of its top managers [J]. Academy of Management Review, 1984, 9 (2): 193 - 206.

[182] Hambrick D. C., Cho T. S., Chen M. J. The Influence of Top Management Team Heterogeneity on Firms' Competitive Moves [J]. Administrative Science Quarterly, 1996, 41 (4): 659 - 684.

[183] Hammersley J. S., Myers L. A. and Shakespeare C. Market reactions to the disclosure of internal control weaknesses and to the characteristics of those weaknesses under Section 302 of the Sarbanes Oxley Act of 2002 [J]. Review of Accounting Studies, 2007, 13 (1): 141 - 165.

[184] Hardies K., Breesch D. and Branson J. Gender differences in overconfidence and risk taking: Do self - selection and socialization matter? [J]. Economics Letters, 2013, 118 (3): 442 - 444.

[185] Healy P. M., Palepu K. G. Information asymmetry, corporate disclosure, and the capital markets: A review of the empirical disclosure literature [J]. Journal of Accounting and Economics, 2001, 31 (1 - 3): 405 - 440.

[186] Heaton J. B. Managerial optimism and corporate finance [J]. Financial Management, 2002: 33 - 45.

[187] Hermanson H. M. An analysis of the demand for reporting on internal control [J]. Accounting Horizons, 2000, 14 (3): 325 - 341.

[188] Holmstrom B., Costa J. R. Managerial incentives and capital management [J]. The Quarterly Journal of Economics, 1986 (4): 835 - 861.

[189] Huang J., Kisgen D. J. Gender and corporate finance: Are male executives overconfident relative to female executives? [J]. Journal of Financial Economics, 2013, 108 (3): 822 - 839.

[190] Huang S. M., Tsai C. F. and Yen D. C. et al. A hybrid financial analysis model for business failure prediction [J]. Expert Systems with Applications, 2008, 35 (3): 1034-1040.

[191] Hwang S. S., Shin T. and Han I. CRAS-CBR: Internal control risk assessment system using case-based reasoning [J]. Expert Systems, 2004, 21 (1): 22-33.

[192] Jaffee, Russel. Imperfect information and credit rationing [J]. Quarterly Journal of Economics, 1976, 90: 651-666.

[193] Jensen M., Zajac E. J. Corporate elites and corporate strategy: How demographic preferences and structural position shape the scope of the firm [J]. Strategic Management Journal, 2004, 25 (6): 507-524.

[194] Jensen M. Agency cost of free cash flow, Corporate finance and takeover [J]. American Economic Review, 1986, 76 (2): 323-339.

[195] John K., Nachman D. C. Risky debt, investment incentives, and reputation in a sequential equilibrium [J]. The Journal of Finance, 1985 Jul, 40 (3): 863-878.

[196] Jorgenson D. W., Fraumeni B. M. Investment in education [J]. Educational Researcher, 1989, 18 (4): 35-44.

[197] Jovanovic B., Nyarko Y. A Bayesian Learning Model Fitted to a Variety of Empirical Learning Curves [J]. Brookings Papers on Economic Activity Microeconomics, 1995 (1): 247-305.

[198] Knight D., Pearce C. L. and Smith K. G. et al. Top management team diversity, group process, and strategic consensus [J]. Strategic Management Journal, 1999: 445-465.

[199] La Porta R., Lopez-de-Silanes F. and Shleifer A. et al. Investor protection and corporate governance [J]. Journal of Financial Economics, 2000, 58 (1): 3-27.

[200] La Porta R. , Lopez – de – Silanes F. and Shleifer A. et al. Law and finance [J]. Journal of Political Economy, 1998, 106 (6): 1113 – 1155.

[201] Laursen K. , Foss N. J. New HRM Practices, Complementarities, and the Impact on Innovation Performance [J]. Ivs/cbs Working Papers, 2000, 27 (2): 243 – 263.

[202] Li M. , Ye L. R. Information technology and firm performance: Linking with environmental, strategic and managerial contexts [J]. Information & Management, 1999, 35 (1): 43 – 51.

[203] Lipton M. , Lorsch J. W. A modest proposal for improved corporate governance [J]. The Business Lawyer, 1992: 59 – 77.

[204] Lucas R. E. On the mechanics of economic development [J]. Econometric Society Monographs, 1998, 29: 61 – 70.

[205] Malmendier U. , Tate G. CEO over confidence and Corporate Investment [J]. Journal of Finance, 2005, 60 (6): 2661 – 2700.

[206] Markus M. L. , Pfeffer J. Power and the design and implementation of accounting and control systems [J]. Accounting Organizations & Society, 1983, 8 (2 – 3): 205 – 218.

[207] Mcconnell J. , Servaes H. Equity Ownership and the Two Faces of Debt [J]. Journal of Financial Economics, 1995, 39: 131 – 157.

[208] Moerland L. Incentives for reporting on internal control: a study of internal control reporting practices in Finland, Norway, Sweden, The Netherlands and United Kingdom (Top Thesis) [J]. 2007.

[209] Murphy K. J. Corporate Performance and Managerial Remuneration: An Empirical Analysis [J]. Journal of Accounting and Economics, 1985, 7 (4): 11 – 42.

[210] Murphy K. J. Executive compensation [J]. Handbook of Labor Economics, 1999, 3: 2485 – 2563.

[211] Myers S. C. Determinants of corporate borrowing [J]. Journal of

Financial Economics, 1977 (5): 147-175.

[212] Myers, S. C., N. C. Majluf. Corporate financing and investment decisions when firms have information that investors do not have [J]. Social Science Electronic Publishing, 1984, 13 (2): 187-221.

[213] Narayanan M. P. Debt vs Equity under Asymmetric Information [J]. Journal of Financial and Quantitative Analysis, 1988, 23 (1): 39-51.

[214] Narayanan M. P. Managerial incentives for short-term results [J]. The Journal of Finance, 1985, 40 (5): 1469-1484.

[215] Offstein E. H., Gnyawali D. R. and Cobb A. T. A strategic human resource perspective of firm competitive behavior [J]. Human Resource Management Review, 2005, 15 (4): 305-318.

[216] Ogneva M., Subramanyam K. R. and Raghunandan K. Internal control weakness and cost of equity: Evidence from SOX Section 404 disclosures [J]. The Accounting Review, 2007, 82 (5): 1255-1297.

[217] Paso E. I. Internal Control Assessment [R]. IIA. Research Foundation, 2002.

[218] Patterson E. R., Smith J. R. The Effects of Sarbanes-Oxley on Auditing and Internal Control Strength [J]. Accounting Review, 2007, 82 (2): 427-455.

[219] Richard B., Lorraine D. Costas M. and Barbara S. Human capital investment: The returns from education and training to the individual, the firm and the economy [J]. Fiscal Studies, 1999, 20 (3): 1-23.

[220] Richard O. C., Shelor R. M. Linking top management team age heterogeneity to firm juxtaposing two midrange theories [J]. International Journal of Human Resource, 2002, 13 (6): 958-974.

[221] Richardson S. Over-investment of Free Cash Flow and Corporate Government [J]. Review of Accounting Studies, 2006, 11 (2-3):

159-189.

[222] Risberg M. Does earnings quality matter for the investment decision? Preliminary and Incomplete, Working Paper, 2006, 56 (3): 356-378.

[223] Robb A. M., Watson J. Gender differences in firm performance: Evidence from new ventures in the United States [J]. Journal of Business Venturing, 2012, 27 (5): 544-558.

[224] Roll R. The hubris hypothesis of corporate takeovers [J]. Journal of business, 1986: 197-216.

[225] Rosen S. Authority, Control, and the Distribution of Earnings [J]. The Bell Journal of Economics, 1982, 13 (2): 311-323.

[226] Ross J. E., Kami M. J. Corporate management in crisis: Why the mighty fall englewood cliffs [J]. Prentice Hall, 1973, 4 (10): 21-32.

[227] Scharfstein D. S., Stein J. C. Herd behavior and investment [J]. American Economic Review, 1990, 80: 465-479.

[228] Schultz T. W. Investment in human capital [J]. The American Economic Review, 1961, 51 (1): 1-17.

[229] Shleifer A., Vishny R. W. Large shareholders and corporate control [J]. Journal of Political Economy, 1986, 94 (3, Part 1): 461-488.

[230] Shleifer A., Vishny R. W. Management entrenchment: The case of manager-specific investments [J]. Journal of financial Economics, 1989, 25 (1): 123-139.

[231] Shleifer A., Vishny R. A Survey of Corporate Governance [J]. The Journal of Finance, 1997, 52 (2): 737-783.

[232] Smith K. G., Smith K. A. and Olian J. D. et al. Top management team demography and process: The role of social integration and communication [J]. Administrative Science Quarterly, 1994: 412-438.

[233] Srivastava A. , Lee H. Predicting order and timing of new product moves: the role of top management in corporate entrepreneurship [J]. Journal of Business Venturing, 2005, 20 (4): 459-481.

[234] Stiglitz J. E. , Weiss A. Credit rationing in markets with imperfect information [J]. The American Economic Review, 1981, 71 (3): 393-410.

[235] Sunder S. , Cyert R. M. Theory of accounting and control [M]. South-Western College Pub, 1997: 764-766.

[236] Susan E. Jackson. Top management and innovations in banking: Does the composition of the top team make a difference? [J]. Strategic Management Journal, 1989, 10 (S1): 107-124.

[237] Taylor R. N. Age and experience as determinants of managerial information processing and decision making performance [J]. Academy of Management Journal, 1975, 18 (1): 74-81.

[238] Tihanyi L. , Ellstrand A. E. and Daily C. M. et al. Composition of the top management team and firm international diversification [J]. Journal of Management, 2000, 26 (6): 1157-1177.

[239] Verdi, Rodrigo S. Financial Reporting Quality and Investment Efficiency [J/OL]. 2006 (9). Available at SSRN: https://ssrn.com/abstract=930922.

[240] Vogt S. C. The Cash Flow Investment Relationship: Evidence from U. S. Manufacturing Firm [J]. Financial Management, 1994, 23: 3-20.

[241] Weinberg B. A. , Galenson D. W. Creative careers: The life cycles of Nobel laureates in economics [R]. National Bureau of Economic Research, 2005.

[242] Wiersema M. F. , Bantel K. A. Top management team demography and corporate strategic change. [J] Academy of Management Journal, 1992, 35 (1): 91-121.

[243] Willis D. M., Lightle S. S. Management reports on internal controls [J]. Journal of Accountancy, 2000, 190 (4): 57.

[244] Zhang I. X. Economic Consequences of the Sarbanes – Oxley Act of 2002 [J]. Journal of Accounting & Economics, 2007, 44 (1 –2): 74 – 115.

后　记

本书是以本人的博士论文为基础完成的。非常感谢我的博士生导师姚海鑫教授对我博士论文的悉心指导；感谢辽宁大学博士论文预答辩中指出我论文的不足并给予宝贵意见的高良谋教授、樊治平教授、刘力钢教授、张广胜教授、郭燕青教授和刘艳春教授。他们的意见为我博士论文的进一步完善指明了方向；感谢博士论文的外审专家们提出的宝贵意见，根据他们的意见和建议，我在博士论文的基础上修改和完善，最终完成此部专著。

时光荏苒，光阴似箭，转眼就进入四字头的年纪了。犹记得三十而立之年的内心惊慌，突然意识到自己应该成熟起来，要对自己、对家人负责了。34 岁时，有幸成为姚老师的学生，曾暗下决心，好好学习，争取多出成果，早日毕业。然而，事与愿违，由于天资愚钝以及懒散的个性，博士论文迟迟无法完成，一拖再拖，直至年届 40。此间的迷茫与纠结，无法言表。幸好，我的导师姚海鑫教授一直关心和鼓励我，师兄师姐师弟师妹们也不断地为我加油，让我有勇气坚持到最后，最终完成了博士论文。

姚海鑫教授在学习和科研方面给予我耐心的指导。从专业课程的学习、参考文献的阅读、论文选题和开题，直至最终完成博士论文，整个求学过程中离不开姚老师对我的悉心教诲与帮助。姚老师高尚的人格魅力、严谨的治学态度和深邃的学术思想，给我思想、观念及方法等方面的启迪，令我受益匪浅。我对导师的感激之情无法用语言表达，唯有以此为起点，继续坚持，奉上令导师满意和骄傲的成果，以作回报。

感谢同事周新苗教授和师兄陆智强、师姐李红玉,在我博士论文的写作过程中帮我指点迷津,并不断地给予我精神鼓励。感谢同门师兄师弟和师姐师妹们,如家人一般地关心我,无时无刻不在激励我继续前进。感谢宁波大学的研究生张锡、钱欢欢和汪小芳同学,在数据的收集处理和文献整理上给予我无私的帮助。

感谢我的家人,无怨无悔地帮我分担了家庭的重担。感谢上天赐予我天使一样可爱的儿子,他是我努力的最大动力。

再次对每位关心、帮助及支持我的师长和朋友们致以真挚谢意,你们的这份情谊是我最大的收获。

冷军

2019 年 2 月